JN288908

接客サービスの仕事というのは、

あるところから楽しくてたまらなく

なるものです。その「あるところ」とは、

ハート♥マニュアルを、あなた自身が

自然にできるようになったときです。

その瞬間、あなたはお客さまとともに

感動・元気・癒《いや》しを共有しています。

接客サービス
ハート♥マニュアル

フードサービス版

レストラン・ドクター
石川幸千代

はじめに

誰でもできます！

ハート♥マニュアルは、

〇〇〇〇です。

ハート♥マニュアルは、ささいなこと。

お客として、また、フードビジネスコンサルタントとして店に入ると「こうしてほしい」「こうしたほうがいい」と、ついいろいろ感じることがあります。あるとき、ふと、思ったのです。「いつも私が感じていることは、ささいなことばかりだな」と。「笑顔で言ってくれればいいのに」「元気がないのはどうしてなの」「手を上げているのだから早く発見して」などなど。本当にささいなことばかりです。でも、こんなささいなことがきちんとできると、それはすごい魅力ですし、これこそ繁盛店となるキーポイントなのです。

ハート♥マニュアルは、当たり前のこと。

お客さまをいい気持ちにする「ありがとうございました」と、そうでない「ありがとうございました」があります。両方とも、誰でも言うことができます。むずかしくもありません。お客さまの顔を見て、明るい声で、笑顔で言えば、お客さまはいい気分になります。意識さえすれば、誰にでも、すぐに当たり前にできるようになります。お客さまをおもてなしするときに大切な、当たり前のこと、ほんのちょっとした気のつかい方をまとめたのが、「ハート♥マニュアル」です。

ハート♥マニュアルは、喜びを引き出すパスワード集。

お客さまは、当たり前のことを、きちんと、いいタイミングで接客係の人がしてくれなかったときに初めて「どうしてこうなるの？」と不快に思うものです。反対に、当たり前のことをきちんとタイミングよく一つ一つしてもらえた結果として、「ああ、居心地《いごこち》が良かった」「また来たい」という好印象を心に刻《きざ》んでくれます。ハート♥マニュアルはささいなことばかりですが、その積み重ねがお客さまの喜びを引き出します。お客さまの感動を呼ぶパスワード集がハート♥マニュアルです。

ハート♥マニュアルは、自分のためのもの。

ハート♥マニュアルは、おもてなしのために大切な事柄です。お客さまの居心地《いごこち》を良くし、楽しい食事のひとときを満喫《まんきつ》してもらうための、ほんのささいな気くばりがハート♥マニュアルです。ハート♥マニュアルを身につけることで生まれるお客さまの喜ぶ顔は、あなたの接客の能力をいっそう高めてくれるはずです。そして、あなたもお客さまをもてなすことがどんどん楽しくなってくるので、自分で自分の成長が実感できると思います。

ハート♥マニュアルには、常に新しい発見がある。

ハート♥マニュアルは、実に簡単な事柄ばかりです。お客さまをおもてなしするレストランなどのサービス業の仕事の初心と基本が凝《ぎょう》縮《しゅく》されています。読み返すたびに、きっと新しい解釈《かいしゃく》が生まれると思います。新しい発見ができたなら、それもあなたが成長している証《あかし》です。一度目に読んだとき、二度目に読んだときで感じるものが違って当然です。あなた自身の接客サービスのしぐさ・接客用語の言い方を発見する手助けにハート♥マニュアルが役立つことを確信しています。

ハート♥マニュアルは、接客の仕事にはまる素《もと》。

接客サービスは、小さなことを一つひとつきちんとクリアしていくことでレベルアップします。当たり前のことを、当たり前にスタッフ全員がきちんとやることが大切なポイントです。それが「サービスがいい店」です。

ハート♥マニュアルの積み重ねで、どんどん「あなたがいるから私はこの店が大好きです」と言ってくれるお客さまが着実に増えていくと思います。きっと、あるときから接客の仕事が楽しくて楽しくてたまらなくになるはずです。

第1章

当たり前の「ひと言」が元気と癒《いや》しを生み出します

おもてなしの言葉づかい

1

お客さまを見たら、「1秒」で「いらっしゃいませ」を言おう。

お客さまの姿を見たらすぐに、お客さまの顔を見た瞬間《しゅんかん》に「いらっしゃいませ」は言いましょう。お客さまは、店に入ってすぐに「いらっしゃいませ」を言われると、「この店は素敵《ステキ》そうだ」とワクワクします。逆に、店に入ったのに、店の人に発見してもらえないと、「大丈夫《だいじょうぶ》かな」と、不安がわいてきます。「いらっしゃいませ」はお客さまが最初に耳にする言葉ですから、元気で明るく言えるように声を出して練習しましょう。

❤「いらっしゃいませ」から店の魅力は伝わる

2

ときには、「あ、いらっしゃいませ」と言ってみましょう。

❤「いらっしゃいませ」は笑顔を呼ぶ言葉

これは、一つのテクニック。「あっ」と付け加えることで、ちょっとした発見をした表情をつくり出せます。お客さまをお迎《むか》えする嬉《うれ》しさを「あっ」という感嘆《かんたん》語にこめられるわけです。最初は、「あっ、いらっしゃいませ」と言うのは照《て》れくさいかも。でも、スタッフ同士で練習してみてください。そして、実際に言ってみましょう。「あっ、いらっしゃいませ」と言ったときのお客さまの喜びの表情が、あなたの働く気持ちに火を点《つ》けてくれるでしょう。

3

接客用語は、お腹から声を出して言いましょう。

「いらっしゃいませ！」「かしこまりました！」の、明るく、元気な挨拶《あいさつ》はお店を明るくします。もちろんお客さまから見ても感じが良く、お客さま自身を元気にします。このように、接客用語や挨拶《あいさつ》は、お腹から声を出してハキハキと言いましょう。お腹から声を出せば、自分の気持ちを高められます。その日一日の仕事へのモチベーションが高まります。お腹から声を出す習慣をつければ、あなた自身が元気になります。

❤明るい店づくりの源は「元気な声」から

4

お客さまの目を見て、笑顔で声を出しましょう。

♥挨拶《あいさつ》は「目を見る」ことではじめて伝わる

あなたがきちんとお客さまに挨拶《あいさつ》しているつもりでも、その誠意が伝わらないときがあります。どうしてでしょう？　その大きな要因に、「目を見て挨拶《あいさつ》していない」ことがあります。「相手の目を見て話す」ことは、人とのコミュニケーションの基本なのです。元気な声で挨拶《あいさつ》しても、お客さまの目を見て言わなければ、お客さまを心からお迎《むか》えしていることにはなりません。お客さまの目をしっかりと見て、笑顔で声を出しましょう。お客さまの顔を良く見て、きちんと話しかけるような気持ちで挨拶《あいさつ》しましょう。

5

「いらっしゃいませ」は、あなたの一番元気な声で言いましょう。

あなたの一番元気な声はどんなときに出ていますか？　楽しいこと、嬉《うれ》しいことがあったとき、仲の良い友達と会ったときなどに、きっと元気な声が出ているはずです。お店での挨拶《あいさつ》も同じことです。大切なお客さまをお迎《むか》えするときは、あなたの一番元気な声で「いらっしゃいませ！」を言いましょう。元気な声でお客さまをお迎《むか》えすれば、お客さまも気持ちよくお店に入ってくることができます。あなた自身も元気になり、仕事の効率も高まります。

❤「いらっしゃいませ」は元気の源

6

離れていても、「いらっしゃいませ」は、お客さまのほうに顔を向けて言いましょう。

❤あなたの声のイメージを良くしよう

お客さまと距離が離《はな》れていても、明るく元気な挨拶《あいさつ》は伝えられます。お迎《むか》えするお客さまに向って声を発すれば、お客さまには伝わります。作業をしながらの「いらっしゃいませ」は、お客さまに顔を向けて言います。他のお客さまをおもてなし中なら、アイコンタクトで「いらっしゃいませ」の気持ちをお伝えします。いずれにせよ、あなたのお迎《むか》えの声や姿勢、おもてなしの心が店のイメージになります。

7

お客さまが3名でいらしたら、3名に「いらっしゃいませ」を言おう。

お客さまには人数分のご挨拶《あいさつ》をしましょう。３名でお客さまがいらっしゃったら、３人の顔を見ながら、一人ひとりに向けて計３回「いらっしゃいませ」を言いましょう。何名で来店しようとも店にとっては一人ひとりが大切なお客さま。お店が混《こ》んでいるときなど、ケースバイケースで各人に挨拶《あいさつ》をできないこともあります。大切なのは、３名のお客さまには3回、5名のお客さまには5回の「いらっしゃいませ」を言うくらいのおもてなしの気持ちを持つことです。

♥「いらっしゃいませ」はお客さま一人ひとりに

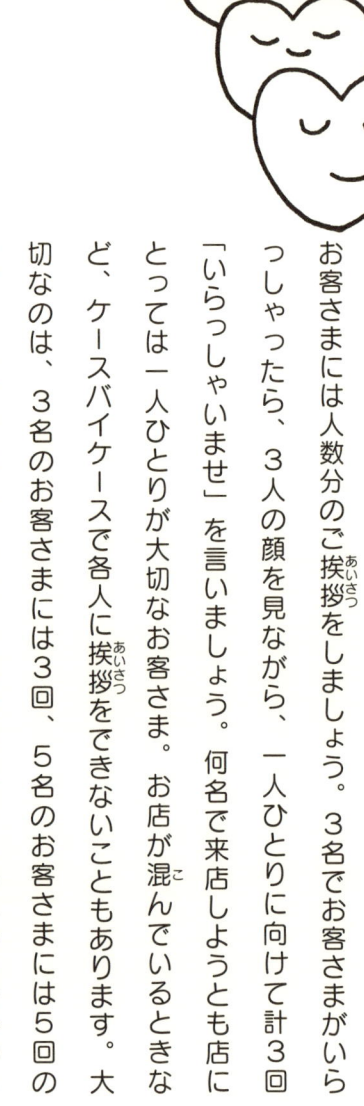

8

「いらっしゃいませ」は、笑顔とセットで言えるようにしましょう。

❤笑顔と「いらっしゃいませ」は常にセット

笑顔と一緒《いっしょ》に「いらっしゃいませ」を言いましょう。どんなに元気な明るい声で挨拶《あいさつ》をしても、笑顔がともなわないと「いらっしゃいませ」という歓待《かんたい》の気持ちはお客さまには伝わりません。疲れた顔、眉間《みけん》にしわを寄せた顔で「いらっしゃいませ」と言われたら、お客さまは「来て迷惑《めいわく》なのかな」と思うでしょう。笑顔と挨拶《あいさつ》は常にセットです。笑顔で挨拶《あいさつ》すれば、自然と言葉もやさしくなり、印象がよくなります。声にハリも出ます。

9

スタッフの「いらっしゃいませ」の声に反応して「いらっしゃいませ」を言おう。

入口から離れた場所や入口の様子が見えない所では、来店したお客さまに気づかないこともあります。こうしたときは「いらっしゃいませ」を言わなくていいわけではありません。他のスタッフの「いらっしゃいませ」という声を聞いたら、お客さまが来たサインです。その声に即座《そくざ》に反応して「いらっしゃいませ」を言いましょう。入口から遠い場所にいるわけですから、普段よりも大きな声で言うように心がけましょう。

❤「いらっしゃいませ」はスタッフ全員で

10

「ありがとうございました」は、店内のお客さまも意識して言いましょう。

♥感謝の気持ちは店のどこからでも

お客さまをお見送りするときの「ありがとうございました」のひと言は、お客さまをいい気分にする言葉です。お帰りになるお客さまに向けて言うのはもちろん、店内にいる他のお客さまも意識してハリのある、大きな声で言いましょう。そうすればお店全体の印象がアップします。もしあなたがお客さまをお見送りできない場所にいたとしても、離れていても「ありがとうございました」を言うとさらに良い印象がアップします。

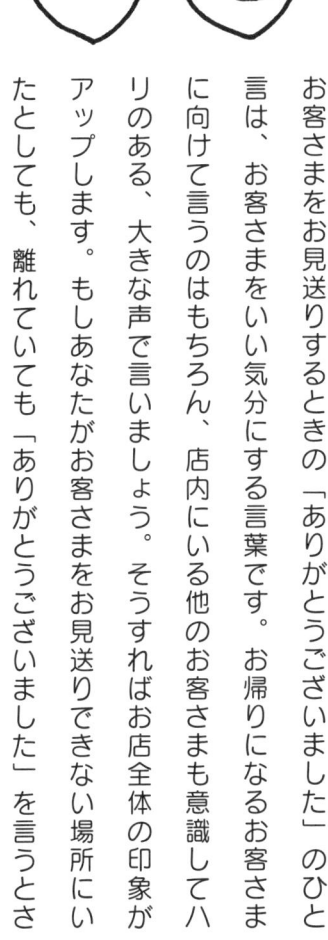

11

「いらっしゃいませ」「ありがとうございました」で、他のスタッフを元気にしよう。

お客さまに対するご挨拶《あいさつ》は、スタッフ全員が「明るく元気に笑顔で」言うことが基本です。挨拶《あいさつ》をうまくできないスタッフが一人でもいると、お店の印象は台無しになってしまいます。そこで、あなたの明るく元気な挨拶《あいさつ》が、他のスタッフを明るく元気にするのです。あなたがみんなの見本となり、他のスタッフの元気を引き出すのです。言葉で注意を促《うなが》すよりも、各人がお手本を示しすつもりで声を出しましょう。

♥あなたの元気な挨拶《あいさつ》でスタッフ全員が元気になる

12

「ハイ」という返事は「明るく、ハッキリ、感じよく」

❤返事の良さは、お客さまへの反応の良さの裏返し

ニコニコと明るく、元気な返事は見ていても気持ちの良いものです。お客さまからみて感じがよく、本人もリズムにのって仕事ができます。「ハイ」という短い返事をきちんとすることでコミュニケーションはすごく潤滑《じゅんかつ》になります。お客さまも、返事の良いあなたを信頼し、期待感も抱きます。反応の良さは、キビキビした動作につながり、店の雰囲気全体がよくなりますし、働いているスタッフも仕事が楽しくなります。

13

言葉づかいは「丁寧《ていねい》に、はっきりと」を意識しましょう。

きちんと話せるようになるための工夫として、丁寧《ていねい》に、わかりやすく、はっきりとした口調で話すようにします。「お待ちくださ〜い」と語尾《ごび》を伸ばして言うのは日頃から意識してやめましょう。「少々お待ち下さいませ!」と語尾をはっきりと言いましょう。若い人は早口になりやすいものです。早口は乱暴に聞こえることもあります。忙しいときでも、言葉づかいは丁寧《ていねい》に、はっきりと話すことを意識して、仕事をしましょう。

♥言葉づかいは早口にならないように

14

「いらっしゃいませ」や「ありがとうございました」を歩きながら言うのはやめましょう。

❤「あなただけ」の姿勢は喜ばれる接客の極意《ごくい》

「レジを打ちながら」「歩きながら」「掃除《そうじ》をしながら」など、お客さまに動きながら「いらっしゃいませ」や「ありがとうございました」を言うのは行儀《ぎょうぎ》悪く思われます。動作を止めて言う、ストップ・ザ・モーションと、アイコンタクトが大切です。通路でお客さまとすれ違うときも、立ち止まり、お客さまの目を見て、笑顔で挨《あい》拶《さつ》し、お客さまを優先《ゆうせん》します。

15

お客さまに説明するときは、わかりやすく、大きな声でゆっくりと話しましょう。

お店のマニュアルは覚《おぼ》えることが大切です。でも、マニュアルをイキイキしたものにするのはあなたの思いやりです。お客さまにおすすめメニューの説明するとき、ときには小さな子供でも理解できるようにわかりやすい言い方をしましょう。ときには耳の遠いお年寄りにもはっきりと聞こえるような声でゆっくりと話しましょう。自分の言葉をマニュアルに交えて説明したほうが理解してもらえることもあります。

❤マニュアルには「思いやり」をプラスしよう

16

喫煙席・禁煙席の希望にそえない時は、「申し訳《わけ》ございません」と謝《あやま》ってから説明しましょう。

♥禁煙席か喫煙席かは、慎重《しんちょう》に

お客さまが禁煙席を希望しても、禁煙席が満席の場合があります。そのとき、「禁煙席は満席でございます」とだけの返答で済《す》ませてしまってはダメ。「あとはお客さまで判断してください」という印象を与えてしまいます。まず「申し訳《わけ》ございません」と謝《あやま》ってから満席だということを説明し、「喫煙席でもよろしいですか？」と確認します。なお、禁煙席・喫煙席は聞き違いやすいので、「おタバコはお吸いになられますか？」と尋《たず》ねるほうがいいでしょう。

17

注文は、聞き取れなかったら、そのつど確認して聞き取るように。

お客さまの注文がよく聞き取れなかった場合、そしてコーヒーはアイスかホットか確認したいとき、まずは、その場で、「申し訳《わけ》ございません。コーヒーはホットでしょうか」と必ず確認するようにしましょう。後で復唱《ふくしょう》するときに尋《たず》ねればいいではなく、その場で確かめます。復唱《ふくしょう》はきちんとした最終確認です。このほうが、より間違いはなくなります。

❤思い込みは厳禁《げんきん》！「そのつど確認」が親切さ

18

注文の品を復唱するときも、アイコンタクトをしっかり。

❤復唱《ふくしょう》はテンポよくテキパキと

注文の品を復唱《ふくしょう》するときは、だらだらとした口調《くちょう》で復唱するとお客さまはイライラします。お客さまに聞き取りやすいようにハキハキとした口調で話します。しかも、テンポよく復唱するように心がけましょう。品数が多いときは、途中で何回か顔を伝票から上げてお客さまとアイコンタクトを。お客さまが復唱する声を聞いてくれているかもチェックしながら復唱しましょう。

19

客席で「私語」は絶対にやめましょう。

店内でスタッフ同士が愉快《ゆかい》におしゃべりする様子は、お客さまから見て楽しいものではありません。店内でのスタッフ同士の私語は、お客さまの目から見るととても見苦《みぐる》しいものです。ヒソヒソ話も、お客さまの噂《うわさ》話をしていると思われることもあります。たとえお客さまの噂《うわさ》話をしていないとしても、客席での私語は誤解《ごかい》をうけやすいものです。お客さまに誤解を受けるような行為は絶対に避《さ》けましょう。

♥「私語」はお客さまの誤解《ごかい》をまねく元

20

客席で笑うのはやめましょう。

♥「笑顔」と「笑う」を使い分けるのが接客サービス

お店のなかでは、接客上の「笑顔」と、おかしいことがあって「笑う」ということはまったく別物です。スタッフの人が笑っている声がお客さまに聞こえたとしましょう。お客さまは、「自分のことを笑っているのかな」と、誤解するかも。笑ったときにお客さまとたまたま目があってしまったら、もう最悪です。その不愉快《ふゆかい》な感じをカバーするのはたいへんです。不必要に笑うのは誤解《ごかい》をまねきやすいので避《さ》けましょう。

21

スタッフの同僚や後輩の名前を呼ぶとき、「さん」付けで呼ぼう。

スタッフの同僚を呼ぶときも、後輩を呼ぶときも、○○さんと、「さん」付けで呼びましょう。仕事の場では、後輩でも「くん」や「ちゃん」ではなく「さん」で呼びましょう。お客さまに聞かれたとき、「○○くん」と呼んでいると、あなたが威張《いば》っているように聞こえる恐《おそ》れがあります。まして、呼び捨てはやめましょう。同じ名字のお客さまが客席にいて、スタッフが呼び捨てにされていたら……。あだなで呼ぶのもやめましょう。

♥ビジネスの「場」としてのマナーを大切に

22

調理に時間がかかるものは、「お時間がかかりますが」と了解《りょうかい》を得ましょう。

❤お客さまは「納得《なっとく》」できれば待つことができる

調理に時間がかかって提供するのに10分以上かかるのは何と何かを知っておきましょう。調理に時間がかかるものを注文されたら、「お料理の提供に10分ほどかかってしまいますが、よろしいでしょうか?」と、事前に了解《りょうかい》を得ましょう。メニューブックに時間のかかるものを明記している店もありますが、お客さまは読んでいないかもしれません。改《あらた》めて了解《りょうかい》をとるのが親切です。

23

注文を受ける前に、品切れ・売り切れの説明をしましょう。

基本的には品切れ、売り切れはタブーです。これは、厨房《ちゅうぼう》とホール担当の連携《れんけい》が欠かせません。厨房へオーダーを通してはじめて品切れに気づいて、お客さまの所へ戻って報告するのでは手際《てぎわ》が悪すぎます。品切れ、売り切れの料理があるかないか、ホール担当と厨房の人が互いに連絡を取り合いましょう。品切れ、売り切れの料理があれば、オーダーを受ける前にお客さまに事前にお詫《わ》びをして、ご説明しましょう。

♥品切れ、売り切れは「事前把握《はあく》」「事前説明」が鉄則

24

「失礼します」「恐れ入ります」「申し訳ございません」を上手に使えるようになろう。

♥「やんわり言葉」は普段の生活でも身につけよう

接客用語のなかでもさり気ない、「やんわり言葉」というものがあります。「失礼します」「恐《おそ》れ入ります」「申《もう》し訳《わけ》ございません」などは、お店のなかで日常的に使う接客用語です。お客さまからご注文をいただいたとき、料理を出すとき、お客さまに手伝ってもらったとき、クレームを受けたときなど、最も口にする言葉です。丁寧《ていねい》に、ごく自然に言えるように、お店の外で日常的な場面でも言うようにして普段《ふだん》から使いましょう。

25

「本日のおすすめ」をきちんと説明できるようにしましょう。

旬《しゅん》の料理やイベント料理などの「本日のおすすめ」は、お客さまにおすすめしてはじめて「おすすめ」の価値が生まれます。黒板に書いて終りではありません。おすすめ料理があるかないか、あればどんな料理なのか、出勤したらその日一日の業務内容として真っ先に把握《はあく》しておく必要があります。素材や調理法などで分からないことがあれば、店長や厨房《ちゅうぼう》スタッフに積極的に質問してみましょう。料理の説明をきちんとできるのも、ホール担当のあなたの大切な仕事です。

♥「料理の説明」はお客さまと直《じか》に接する人の大事な役目

26

おすすめする理由を説明できるのが、本当の「丁寧《ていねい》」です。

見えないことを説明できるのが「おすすめ上手」

「本日のおすすめは○○です」という説明では、黒板に書いてあることを読み上げているだけです。見れば誰でもわかることです。黒板を見てもわからない、説明してはじめてわかることを説明するのが丁寧《ていねい》なサービスです。「この料理は○○農家で栽培《さいばい》しているレタスを使った旬《しゅん》のサラダでございます」など、なぜおすすめなのかという「理由」をきちんとお客さまに説明してあげましょう。おすすめ上手の人は魅力的に見られます。

27

「おすすめは何？」と尋《たず》ねられたら、自分の好きなメニューをおすすめしましょう。

はじめて来店したお客さまからよく尋《たず》ねられる質問です。たいていのレストランでは、この質問に答えられるようなマニュアルはありません。「全部おすすめです」という返答は「おすすめメニューはありません」と答えるのと同じです。おすすめしやすい名物メニューなどが特になければ、あなた自身が好きなメニューをおすすめしましょう。「私は○○が好きです」「○○は何度食べてもおいしいです」と、自分のお気に入りのメニューを自分の言葉でおすすめしてみましょう。

❤料理の味は、ときには「自分の言葉」で伝えよう

28

「メニューの味」の説明ができるようになりましょう。

❤「店の味」を知ることがおすすめ上手への第一歩

お客さまへ「味の説明ができる」ようになりましょう。そのためには「店の味」を知ることです。お客さまから「この料理はどんな味ですか？」と尋《たず》ねられたら、上手に応《こた》えられるようにしましょう。そのためには、スタッフ同士で味について意見交換をしてみましょう。自分が感じたこととは違う表現を学ぶことができ、表現力のトレーニングにもなります。素材や調理法を説明するだけで終わるよりも、どんな味なのかをお客さまに伝えたほうがよいときもあります。

29

「これは量が多いので、お一つでお分けになっても よろしいと思います」と、抑制《よくせい》するのもサービスです。

もう一品注文するには量が多いと感じられるメニューがあります。お客さまは料理を「残す」ことをとても嫌《きら》います。そうした場合、注文を受けたときに「量が多いので分けて食べたほうがよい」ということを伝えることも必要です。抑制《よくせい》するのも上手なサービスです。また、「すごく辛《から》いので、辛いのが苦手《にがて》にかたにはおすすめしません」と言うのもときには必要です。客層やお客さまの要望を理解し、率直《そっちょく》な意見を述べることも必要です。

❤「おすすめしません」も上質なサービス

30

メニューブックに書いてあっても、「ハーフサイズもございますが」と提案してみよう。

♥書いてあることをあえて教えることもサービス

量が多いメニューに「ハーフサイズ」を設けているケースがあります。そのことをメニューブックに明記してある場合、「書いてあるので」ハーフサイズがあることをお客さまに言わない人が多いものです。でも、「ハーフサイズもございますよ」と、メニューに書いてあることでもあえて言うことも丁寧《ていねい》なサービスです。お客さまが女性客や年配の方なら特に、お客さまの要望や雰囲気《ふんいき》を「察《さつ》して」こうしたことが言えるようになると、サービスの達人になれます。

31

ご注文をいただいたら、「ありがとうございます」を忘れずに。

レストランにおいては当たり前な「注文」という行為についつい感謝の気持ちを忘れがちです。ビール1杯、サラダ1品がお店の大切な売上げになります。お客さまからのご注文があなたの給料であることに、いつも感謝の気持ちを忘れないようにしましょう。お客さまからのご注文にはいつも感謝の気持ちを持っていますか？「お店で注文するのは当たり前」と内心思っていませんか？その気持ちはあなたの声・表情・態度に出ます。

❤ 一つひとつの注文があなたの「給料」を支える

32

お客さまにご協力いただいたときは、そのつど「ありがとうございます」を言いましょう。

♥素直な「ありがとうございます」を何度でも

空《あ》いた器を片付けているときに、お客さまがお皿を移動してくれたり、手渡してくれたりすることがあります。このようなお客さまのちょっとした親切には、「恐れ入ります、ありがとうございます」と、そのつど、笑顔で素直にお礼を言いましょう。同じお客さまに二度、三度とご協力いただいたときでも、同じような笑顔で、そのつど「ありがとうございます」とお礼を言うことが肝心《かんじん》です。常連のお客さまにも同様です。

33

キッチンへオーダーを通すときも、ハキハキした声で。

キッチンへオーダーを通すときは、お客さまに注文を確認するとき以上にハキハキとした、大きな声を心がけましょう。調理に追われるスタッフには厨房《ちゅうぼう》の外の音や声は聞こえにくいものです。ホールのなかでは「少し大きいかな」というくらいの声のほうが厨房《ちゅうぼう》のスタッフには普通の音量に聞こえるのです。ハキハキした口調とともにスピーディーさも必要です。お客さまへのスムーズな料理提供のためには、まずはすみやかなオーダー通《とお》しが大切です。

スムーズなオーダー通《とお》しがスピーディーな料理提供に

34

テーブルの上はお客さまの空間。「失礼します」と声をかけて、提供したり下《さ》げたりしよう。

❤テーブルの上には、ひと言かけて手を伸ばそう

テーブルはお客さまのスペースです。「お客さまの領域《りょういき》」です。生物学で言う「なわばり」です。だから、ご注文の品を置くときも、空《あ》いた食器を下《さ》げるときも、お客さまの「なわばり」に入り込むことになります。ひと言「失礼します」と声をかけてお邪魔《じゃま》しましょう。この「失礼します」のひと言がないと、勝手《かって》になわばりをおかされて、お客さまは不愉快《ふゆかい》に思います。

35

知り合いが来店しても、「いらっしゃいませ」の挨拶《あいさつ》から。

常連客が来店すると、他のお客さまとは違う親しみが湧《わ》くものです。ましてや友人や知人、家族であればなおさらのこと。テーブルで接客するときは、ある程度の親しみを持った会話や態度は許されるでしょうし、また必要でもあります。ただし、最初の「いらっしゃいませ」の挨拶《あいさつ》はどんなお客さまにも同じようにするのが大切です。お店では、どのお客さまも平等です。特別フレンドリーな会話や態度は、お客さまを色分けしていることにもなります。お客さまには常に平等に接しましょう。

❤**お客さまはみな「平等」。あいさつも平等が鉄則**

36

「熱いうちにお召し上がりください」とひと言、言い添《そ》えましょう。

♥料理のおいしいタイミングをお知らせしよう

料理は一番おいしいタイミングで提供し、お客さまに食べてもらいます。そのことを、料理を出すときにひと言、言い添《そ》えたいものです。グラタンや鉄板焼きなど、「お熱いうちにお召し上がりくださ い」と言います。器が熱い料理を出すときは、あなたが他の料理以上に慎重《しんちょう》に運ぶのと同じように、お客さまにも「皿が熱くなっておりますので、お気をつけください」と注意もうながします。ただし、注意ばかり先に言うとシラケるので、気をつけましょう。

37

「ラストオーダーになります」をお伝えするときは言い方に注意。

ラストオーダーをお知らせするときに注意しなければいけないのは、くつろいでいらっしゃるお客さまの「気分を損《そこ》ねない」ようにすることです。なんの配慮《はいりょ》もなく、機械的に「ラストオーダーです」と伝えると「もうお帰りください」という印象をお客さまに与えてしまいます。ラストオーダーをお知らせするときは、ひと言、「○時まではごゆっくりお過《す》ごしください」を必ず言い添《そ》えるようにしましょう。

❤ラストオーダーのときも「ひと言」の配慮《はいりょ》を

38

忙しいときは、「ハイ」という返事を普段より元気よく言ってみよう。

❤忙しいときほど効《き》き目のあるのが「笑顔」

忙しい時間帯は店内がざわざわしていて、普段よりもお客さまの声が聞き取りにくいものです。同じように、お客さまにもスタッフの声が聞き取りにくいのです。注文のときや、スタッフを呼び止める声も自然と普段よりも大きくなるものです。忙しいときは、店内の音に負けないくらいに大きな声で「ハイ」と返事をしましょう。ただし、大きな声の「ハイ」は一歩間違うと怒っているような印象を与えてしまいます。忙しいときほど笑顔を必ず添《そ》えましょう。

39

「忙しい」「疲れた」は口にしないようにしましょう。

「ハイ」という返事が「イヤ」と聞こえていませんか？　忙しいときは気分もなえます。返事もそこそこに、出るのは愚痴《ぐち》ばかり……。

たとえば、夏の暑いときに「暑い、暑い」を繰《く》り返し言っていると、周りの人は嫌気《イヤケ》がさします。暑いということは誰でもわかっているのです。同じように、忙しいときに「忙しい」「疲れた」を言うと、同じ思いをしている周りのスタッフだけでなく、お客さまも嫌気《イヤケ》がさしてしまいます。お客さまはくつろぎにきているのです。

♥マイナス気分になる言葉は意識して口に出さないこと

40

声を出して仕事をしましょう。

♥「声を出す」ことは元気を取り戻す一番の薬

仕事中、疲れてくると、真っ先に声が出なくなります。声が出なくなると、身体が動かなくなります。身体が動かなくなると、ミスや事故が起こります。「疲れた」と感じたときは、意識して声を出すようにしましょう。声を出すと、疲れません。本当です。また、仕事のリズムに乗れます。元気が出てきます。あなたに元気が出れば、チームワークがとれます。チームワークがとれると、店に活気が出てきます。「声を出す」ことから、良い面がたくさん派生《はせい》します。

41

スタッフの仲間にも声をかけ合って仕事をしましょう。

忙しいとき、そして、疲れているときほど、スタッフの仲間と声をかけ合うようにしましょう。「○○さんお願いします！」「はい、かしこまりました」「後ろを通ります」と、声を出してチームとしての気持ちを高めることで、良い連携《れんけい》を生み出しましょう。チームワークを高めるとお店に活気が出ます。あなたが意識してあなたから声を出し、他のスタッフを元気にしていきましょう。

♥お店の活気は「チームワーク」で生まれる

42

スタッフに協力してもらったときも「ありがとう」と、すぐにお礼を言おう。

❤感謝の気持ちはお客さまにも働くスタッフにも

お客さまに協力していただいたときは、そのつど「恐れ入ります、ありがとうございます」と言うことが大切です。それと同じように、スタッフに協力してもらったときも「ありがとう」と感謝の言葉を必ず言うようにしましょう。飲食業のスタッフ同士は日々チームワークが大切です。チームワークを大切にした仕事をするように心がけましょう。お客さまに感謝するように、スタッフにも感謝をしながら仕事をすると良い仕事ができます。良い人間関係が生まれます。

43

いただいた金額は、声を出して確認して受け取ります。

レジでの会計のさいに「1万円入ります」とレジ担当者が声を出して確認します。お客さまからいただいた金額を、声を出して確認することで、間違いを防ぐためです。これは多くの飲食店でマニュアル化されています。間違いが起こりやすい1万円札と5千円札を取り違えないためにも効果があります。これと同じことで、お客さまにつり銭を渡すときも、「1千円、2千円……」と声を出し、お札を数えてお渡しすることも間違いを防ぐには効果的です。

❤お客さまとの金銭の授受も「声を出しながら」

44

「1万円からでよろしかったでしょうか？」ではなく、「1万円いただきます」

♥言葉づかいは「丁寧《ていねい》」以上に「常識的」に

敬語や丁寧《ていねい》語は、言葉の使い方を間違えるとかえってわかりにくくなります。逆に相手に不快感を与えることもあります。たとえばお客さまからお金を頂戴《ちょうだい》したときなどは、「1万円からでよろしかったでしょうか？」と言うよりも、「1万円いただきます」で良いのです。「よろしかったでしょうか？」と言うと、1万円だとわかっているのにお客さまを疑《うたが》っている印象を与えかねません。言葉はできるだけ簡潔にテキパキと、間違いや誤解《ごかい》を与えないようにすることが大切です。

45

「お待《ま》たせしました」を大事に言いましょう。

たとえそれが1分のことでも、お客さまを待《ま》たせてしまったら「お待《ま》たせしました」の言葉を忘れずに言いましょう。たとえ数分のことでも、「待つ」ということはお客さまにとってはたいへんイヤなこと。まして、どのくらい待つのかわからない状況で待つのは苦痛なのです。席にご案内する前でも、レジで会計する時でも、ほんの少しだけでも待たせたら「お待たせしました」をまず言ってからご案内や会計をします。

❤「お待《ま》たせしました」を積極的に使おう

46

ご予約のお客さまには、「お名前」で応対しましょう。

♥「名前で呼ぶ」とお客さまとの距離感が縮まる

ご予約のお客さまが来店したら、必ずお名前を呼んでお迎《むか》えしましょう。「鈴木さま、本日はありがとうございます」と、お名前を呼んで対応します。お名前はもちろん、人数・来店目的・座席などの「お客さま情報」はしっかり覚《おぼ》えておきましょう。電話で予約を受けているときも同じことです。ご予約のお電話でお客さまの名前をうかがったら、そのあとはお客さまのお名前で呼びましょう。そうすればお客さまも親しみを感じてくれます。お客さまとの距離もぐっと近づきます。

47

ご予約のお客さまには、「お待ちしておりました」を言いましょう。

ご予約で来店するお客さまには「感謝の気持ちをオーバーに」伝えましょう。普段よりも少しオーバーに、「お待ちしておりました」と、満面の笑みを添《そ》えて、より一層の歓待《かんたい》の気持ちを込めてお迎《むか》えしましょう。たくさんあるお店のなかからわざわざあなたのお店を選んで予約までしてくれたのです。お店の外でお待ちするくらいの気持ちを表してください。予約してくれるお客さまは、フリで来店されるお客さま以上に「リピーター」になり得る存在なのです。

❤**オーバーアクションは時には大きな武器に**

／　　（　　）　　予約台帳　　No.

	お名前 / 会社名	TEL番号	時間	人数	料理	テーブル/部屋	ご宴会目的/備考	受者
1								
2								
3								
4								
5								
6								
7								
8								
9								
10								
11								
12								
13								
14								

48

レジでお客さまにかける「ひと言」を工夫しましょう。

お客さまが来店したとき、お帰りになるときにかける「ひと言」で、お店の印象はぐっと高まります。「雨で大変でしたね」「いつもありがとうございます」「今日はご相席《あいせき》いただきありがとうございました」「雨ですのでお気をつけてお帰りください」。さり気ないひと言が、お客さまに「また来たい」と思わせるのです。レジで会計するときは、お客さまと最後に接客する大切な場面でもあります。「ありがとうございました」と、もうひと言をかけるようにしましょう。

❤レジでの対応が「リピーター」を創造する

49

レジを打つときは、声を出して確認しながら。

♥金銭の授受《じゅじゅ》はお客さまと一緒に確認を

会計のさい、お客さまからお金を頂戴《ちょうだい》するときに声を出して金額を数えるのと同じように、これも多くの飲食店でマニュアル化されています。レジの打ち間違いを防ぐためであり、その場でお客さまにオーダーした商品と金額を確認していただく意味合いもあります。声を出して確認することで、お客さまの信頼感も高まります。金銭の授受《じゅじゅ》に関しては、デリケートに取り扱《あつか》う必要があります。メニュー名、数量、金額を声に出して、お客さまと一緒に確認するようにしてレジを打ちましょう。

50

電話に出たら、まず「お電話ありがとうございます」を。

電話は相手の顔が見えません。不安な気持ちで電話をかけてきたかもしれません。「どんな感じのお店だろう？」「どんな人が働いているだろう？」と、お客さまは電話を通してお店の第一印象を抱《いだ》きます。ですから、いつも第一声は「お電話ありがとうございます。○○店でございます」と、明るく、ハリのある声でお客さまを安心させましょう。「この時間帯は業者の人からの電話だ」とわかっていても、油断せずに明るい第一声で出ましょう。

❤電話は、あなたの「第一声」でお店の印象が決まる

51

電話に3コール以上で出たら、「お待たせしました」を第一声に。

♥電話は「1秒でも待《ま》たせない」がサービスの基本

電話が鳴ったらすぐ出ます。飛びつくくらいの心がまえを常に持ちましょう。もしも3回以上鳴ってしまったら「お待たせしました」と、きちんと第一声でお詫《わ》びをしましょう。3コールで相手が出るのは決して遅いことではありません。しかし決して早いともいえません。電話には「すぐに出る」のがサービス業の基本姿勢です。たとえすぐに出たとしても、「お待《ま》たせしました」と言うくらいの気持ちを持ちましょう。

52

電話に出たら、きちんと店名を名乗りましょう。

一般企業でも、電話に出るときは「ハイ、○○商事でございます」と自分の会社名を真《ま》っ先《さき》に名乗ります。家庭では「もしもし」で受けますが、仕事では「ハイ、○○店でございます」の第一声のほうがスマートです。お客さまからお電話いただいたら、「お電話ありがとうございます。○○店でございます」と言いましょう。ただし、「○○店の、○○です」まで言うと、かえって長々しく、イライラすることもあります。電話の対応は、要領よく、手短に、が大切です。

❤電話対応は「簡潔明瞭《めいりょう》」が基本マナー

53

電話でも「笑顔」を伝えましょう。

❤電話では笑顔も動作も普段より「大げさ」に

電話では、相手のお客さまの顔が見えないからこそ、普段お店のなかで話すよりもはずんだ声で話しましょう。お店で接客しているときよりも、少し高いテンションで、明るく対応しましょう。電話の向こうのお客さまにも自分の「笑顔」が伝わるように意識しましょう。電話で話しながらも深く頭を下げたり、笑顔をつくるように心がけるのもいいことです。電話で話している自分の姿を意識してみましょう。

54

こぼしたり、失敗したら、すぐに「失礼しました」「申《もう》し訳《わけ》ございません」と謝《あやま》ります。

お店で働いていれば、注意をしていてもミスは起こります。お客さまにドリンクをこぼしてしまったら、まずはお詫《わ》びをして、すぐに対処しましょう。真っ先におしぼりを持ってくる。ミスをしたスタッフだけでなく、一人で対処しきれないときは、チームワークでスピーディーに対応します。洋服を拭《ふ》いてあげる人、おしぼりを持ってくる人など分担するように気をまわします。ミスをしたスタッフを他のスタッフがフォローしてあげましょう。

♥ミスや失敗は「チームワーク」でフォローしよう

55

相席《あいせき》をお願いするときには、きちんとした手順を追ってお客さまに説明します。

♥相席《あいせき》をお願いするときは段取《だんど》りが最重要

これは主に、一人で来店されるお客さまへの対応です。来店したお客さまには、もし席があれば相席《あいせき》でもよろしいですか、と尋《たず》ねます。了解《りょうかい》を得たら「少々お待ち下さい」と、お伝えします。それから、すでに座っているお客さまに「相席《あいせき》でもよろしいでしょうか?」と確認します。座っているお客さまの了解《りょうかい》が得られたら、新しいお客さまをそこにご案内しましょう。ご案内したら、先客に「お相席《あいせき》ありがとうございます」とお店の人を代表してもう一度お礼を言います。

56

雨の日は、「傘をお忘れなく」のひと言をおかけしましょう。

どんなに注意をしていても、つい忘れてしまうのが雨の日の傘です。手荷物として客席まで持っていける折りたたみ傘もそうですが、入口の傘立てに置いた場合は特に忘れるケースが多いものです。「傘をお忘れなく」のひと言は、誰にでも気がつくやさしい言葉ですが、これを帰り際《ぎわ》にきちんと言ってくれるお店は意外と少ないものです。「忘れ物ございませんように」を皆が言えるのが丁寧《ていねい》なサービスです。雨の日はハンカチの置き忘れも多いです。

❤「思いやりのひと言」を使おう

第2章

おもてなしの動作・しぐさ

ちょっとした表現がお客さまを感動させます

1

入口にお客さまの気配《けはい》がないか、常に気にしましょう。

お客さまを1秒でも待たせずにご挨拶《あいさつ》し、お迎《むか》えするには、気持ちと準備ができていないと対応できません。お客さまが店に入ってくる気配《けはい》がないか、常に入口に注意をしましょう。お客さまを歓迎《かんげい》するという気持ちと姿勢《しせい》がないと、入口のドアに注意力はいきません。この気持ちがないとお迎《むか》えするのに間延《まの》びしてしまいます。「店長がやるだろう」、「他の誰かがやるだろう」という気持ちがあるから注意力に欠けるのです。どんなポジションであれ、あなたを含めスタッフ全員がこうした気持ちを持つようにしましょう。

♥お迎《むか》えの姿勢《しせい》と心の準備が「待たせない」ことに

2

「ピンと指先を伸ばして姿勢《しせい》よく」お客さまをお迎《むか》えしましょう。

♥お客さまへの感謝の気持ちは「姿勢《しせい》」に表れる

お客さまを迎《むか》えるマナーとして、感謝の気持ちを伝えるという意味でも、姿勢よくお迎《むか》えするようにしましょう。ピンと伸びた指先、姿勢のよい姿で「いらっしゃいませ」と言われたら、どんなお客さまでも気持ちのよいものです。すがすがしい気分になれます。姿勢の第一印象はとても大切です。お店に来店し、姿勢の悪い、だらしないスタッフを真《ま》っ先《さき》に目にしたら、お店全体の印象が悪くなります。指先と背《せ》筋《すじ》には神経を使い、よい姿勢でお迎《むか》えしましょう。

3

予約のお客さまが来店されてから予約台帳を確認するのはやめましょう。

予約したお客さまが来店するたびに、レジにある予約台帳を見て確認するのはお客さまに失礼です。1分くらいはお客さまを待たせてしまいます。出勤したら、まずその日の予約の有無《うむ》を事前に確認しておきましょう。どんなお客さまが、何名で、どういう目的で、どの席でお迎《むか》えするのかを確認します。ただし、丸暗記をする必要はありません。予約がたくさん入っていると覚《おぼ》えきれません。メモ用紙に書き、ユニフォームのポケットに入れておくとよいでしょう。

❤予約状況と内容は、「事前に把握《はあく》」が鉄則

4

すぐにお客さまを席に ご案内できるようにしましょう。

❤「待《ま》たせない」ためには「状況把握《はあく》」が不可欠

お客さまのご予約時間の15分前から、どのお客さまをどの席に案内するのかをスタッフ全員が確認しておきます。混んでいて、すぐにご案内できないときは「いまお席をご用意しておりますので、少々お待ちください」「いま片付けております」と、待たせる理由を率《そっ》直《ちょく》にお客さまにお伝えましょう。お客さまは、待《ま》つ理由がわかれば納得できます。そのためにも、テーブルの状況は常に把握《はあく》しておきましょう。自分が接客中でも他のスタッフが来店されたお客さまに対応できるように連携《れんけい》をとりましょう。

5 喫煙席か禁煙席かをお聞きしてご案内しましょう。

このケースで大切なのは、「聞き方」です。「おタバコはお吸いになりますか？」とお客さまにお聞きするのが基本です。禁煙の風潮が広まっているとはいえ、間違っても「おタバコお吸いになりませんよね」と聞いてはダメ。「禁煙席でよろしいでしょうか？」「喫煙席でよろしいでしょうか？」と、どちらかに決め付けて聞くのもダメ。また、「禁煙席」と「喫煙席」は、言葉（音《オン》）が似ているので聞き間違いのもとにもなります。「えっ？」と、聞き返すのはお客さまにとても非常に失礼なことです。

❤タバコを「吸うか、吸わないか」を聞くのが基本

6 お客さまの進む速度に合わせて席にご案内しましょう。

♥歩く速度も「おもてなし速度」で

お客さまにはいろんな方がいらっしゃいます。歩くのが早い方、遅《おそ》い方、お年寄りだったり、ケガをされている方。だから、お客さまの歩調を気にしながら席にご案内しましょう。お客さまの歩く速度を大切にしましょう。また、片手を上げながらお客さまを先導《せんどう》してご案内するケースがありますが、これはお客さまを案内中だということを他のお客さまにわかるようにするためです。そうすれば、案内中に他のお客さまに呼び止められたりすることも少なくなるからです。新しく来店されたお客さまを最優先《さいゆうせん》しましょう。

7

お客さまの望まれる席は、最大限受け入れましょう。

1人のお客さまだからカウンター席へ、というように常にお店の都合《つごう》だけでお客さまをご案内するのはよくありません。混んでいる時間帯なら客席誘導は大切なことですが、空《す》いている時間帯なら、たとえお1人のお客さまでも「広い席でも今はかまいませんので、どうぞ」と言って差し上げるのもいいでしょう。とはいえ、各人が好き勝手な案内をするのではなく、混んでいるときと空《す》いているときの双方の誘導《ゆうどう》ルールを作っておくといいでしょう。

❤お客さまの要望は「ルール」のもとで判断

8

店で一番人気の席を知っておきましょう。

❤お客さまの「希望をかなえる」のもサービスの基本

多くのお店の場合、「一番奥の席」「窓側の席」が店で一番人気のある席だということを知っておきましょう。お客さまは誰でも、状況が許されるのなら店で一番居心地が良いと思える席に座《すわ》りたいものです。ただし、人気のある席は1人ないし数名しか座れません。混んでいるときは無理でも、お店が暇《ひま》なときや、席がたまたま空《あ》いているときは、はじめに「こちらの席はいかがですか?」とすすめることも覚《おぼ》えておきたいです。

9

お客さまとは「ほんの少し覗《のぞ》き込むように」お話しましょう。

お客さまには節度《せつど》をもった対応が欠かせません。「距離感」も保つ必要があります。でも、カフェやレストランでもっと大切なのは、お客さまに「親しみ」を持っていただくことです。そのための一つのテクニックです。ほんの少しだけ、お客さまのお顔を覗《のぞ》き込むように、笑顔で対応すると、お客さまは、あなたに親しみを感じてくれます。『好意』のキャッチボールから、お店のファンを着実に増やしていけます。

♥親しみが湧《わ》く「接客テクニック」を身につけよう

10

イスを引いて座《すわ》りやすくする「しぐさ」を大切にしよう。

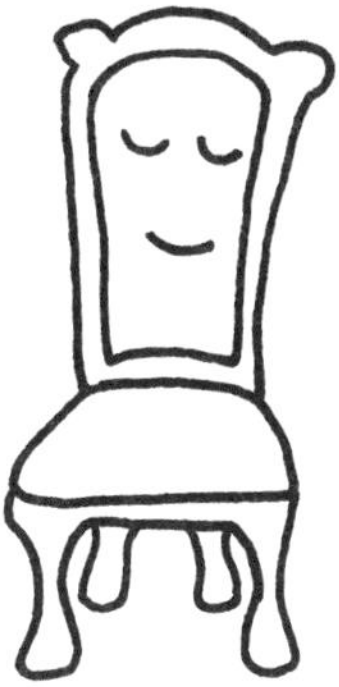

♥1脚のイスでも「店のマナー」を示せる

お客さまが座《すわ》るとき、イスを引いてあげると喜ばれます。4名のお客さまには、人数分のイスを引いてあげる必要はありません。お客さまを待《ま》たせることになります。イスを引くのは高級店だけのサービスではありません。グループの主賓《しゅひん》、カップルならば女性、家族連れならばお年寄りや子供さんなど、一番喜ばれそうな人のイスを引いて座らせてあげればよいのです。もちろん、お年寄りのグループが来店したら、可能であるなら全員のイスを引いてあげることもよいでしょう。

11

動きをきれいに見せる「ストップ・ザ・モーション」を心がけよう。

一つの動作から別な動作へ切り替えるときは、必ず一度動きを止めましょう。たとえば、お客さまに声をかけられたら、お客さまの前ではピタッと動作を止めます。歩きながら、よそ見をしながら「ハイ」と返事をするのはやめましょう。たとえ一瞬でも動作を止めるとお客さまに与える印象がよくなります。料理を出すときも、テーブルの前で一瞬立ち止まってからサービスすると感じがよいものです。

❤ちょっとした動作のストップで好感度はアップする

12

「お客さまを笑顔にする」のは自分の笑顔だと常に意識しましょう。

❤客さまの笑顔は、あなたの笑顔から

お客さまを笑顔にするためには、まずはあなた自身が笑顔で接しなければいけません。あなたが不機嫌《ふきげん》そうな顔で接すれば、お客さまも不機嫌《ふきげん》になります。あなたが疲れた表情を見せれば、お客さまも疲労感がどっと出てしまいます。お客さまが思わず笑顔になってしまう、笑顔で行う接客サービスを常に考えて、一つひとつ実行してみましょう。お客さまの笑顔は、あなたの働くやりがいであり、活力になります。

13

メニューブックは「すぐに」お持ちしましょう。

はじめて来店するお客さまは、どんなメニューがあるのか不安になります。早くメニューブックを見たいのです。メニューブックとおしぼりを一緒に持っていくお店、最初におしぼりを持っていくお店など、ファーストオーダーまでのもてなしには様々なケースが見られます。おしぼりは出したけど、メニューブックがなかなか出てこないケースもあります。レストランならば、お客さまは食事に来ているのです。のどが渇《かわ》いて飲み物を飲みたいのです。だから、なにはともあれメニューブックをお出しするのがよいでしょう。

♥お客さまの来店目的に沿《そ》った提供スタイルを

14

メニューブックは「受け取りやすい」ようにお渡ししましょう。

お客さまの手をわずらわせないサービスが基本

メニューブックには様々な形、デザインがあります。小冊子タイプのもの、新聞紙大の大きなもの。あるいは1枚の用紙になったもの。どんなタイプのメニューブックであれ、お客さまが受け取りやすいようにお渡しすることが基本です。数ページに渡るメニューブックであれば、まずは広げて受け取りやすいようにお客さまにお渡ししましょう。受け取ったお客さまがすぐに見られるようにお渡しするのが、おもてなしの最低限のマナーです。

15

メニューブックは、「見やすく」お渡ししましょう。

メニューブックはお客さまから見やすい位置でお渡しするのがマナーです。メニューブックを閉じたまま渡すだけでは、「どうぞ好き勝手に見てください」という印象を与えかねません。「当店の自慢の料理です。ぜひごゆっくりとご覧下さい」という気持ちで、ご案内しましょう。見やすいようにページを広げてお客さまにお渡ししましょう。何ページにも渡るものであれば、わかりやすいように最初のページを開いてお渡しするとよいでしょう。

❤お客さまの「ワクワク感」を高める接客で

16

キッチンへのオーダーは「すみやかに」通しましょう。

♥オーダーは「1秒でもはやく」キッチンへ

お客さまを待たせない、スムーズな料理提供のためには、まずはキッチンへのすみやかなオーダー通しが基本です。お客さまからオーダーを受けてキッチンへ向かう途中、他のお客さまから声をかけられたら、「少々お待ちくださいませ。すぐに参《まい》ります」とお断《ことわ》りしてオーダー通しを優先《ゆうせん》させます。オーダーを忘れる原因にもなるからです。それからお待ちいただいたお客さまの元へすみやかに向かい、ご要望をお聞きして対処するか、他のスタッフにお願いしましょう。

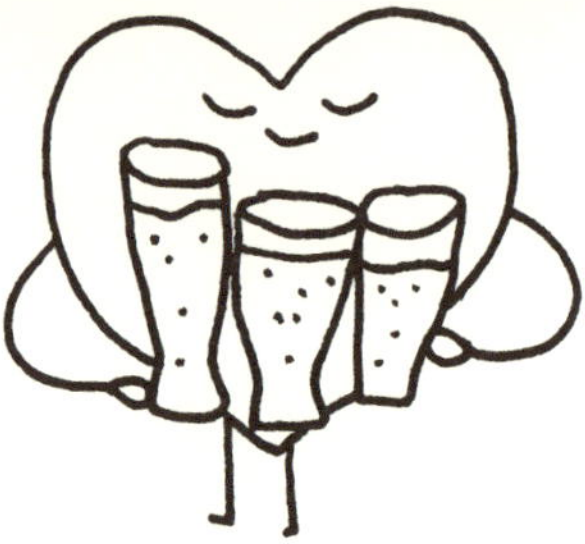

17

乾杯《カンパイ》がスムーズにできるように、最初のドリンクは遅《おく》れないようにしましょう。

ファーストドリンクは、「乾杯《カンパイ》！」のタイミングに遅《おく》れないように出すことが大切です。「乾杯！」がスムーズにできるように、最初のドリンクは絶対に遅《おく》れないようにしましょう。それと同時に、同じテーブルの最初のドリンクは同じタイミングで出す「同時同卓《どうたく》」を基本に、スピーディーな提供が鉄則です。ファーストドリンクが遅れると、盛り上がりの足を引っ張ることになります。「乾杯！」が勢いにのってできるためには、あなたの〝協力〟が欠かせません。

♥ファーストドリンクを出すタイミングは「1〜2分」

18

数種類のドリンクを注文されたら、生ビールは最後に用意してきれいな泡で提供しよう。

❤ドリンクの個性とニーズを理解して提供しよう

3〜4人のグループでも今は、注文するドリンクの種類もさまざまです。生ビールのお客さまもいればカクテルやワイン、ウーロン茶をオーダーするお客さまもいらっしゃいます。特に注意したいのは、生ビールを出すタイミングです。生ビールはきれいな「泡」が命です。泡の消えた生ビールでは、お客さまから「作りなおしてほしい」とクレームが出ても仕方ありません。生ビールは注いですぐに出しましょう。

19

ドリンク・料理は、「音をたてずに」提供しましょう。

料理の皿やドリンクのグラスをテーブルに置くとき、「コツンと音をたてる」ということは、接客以前に、テーブルマナーとしてたいへん失礼にあたります。日常、家庭でも同じことです。音をたてない一つのテクニックとして、グラスを置くときには、小指をクッションにして置きます。それでももし音をたててしまったら、グラスやカップをテーブル上で指を揃《そろ》えて少し押し出すようなしぐさをすると、動作がきれいに見えてカバーできます。

❤音を立てない「テーブルマナー」を意識しよう

20

お客さまが手を上げる前にお伺《うかが》いできるように動作への注意を払いましょう。

♥「背中にも気を配る」上級のサービスをめざそう！

お客さまの次の行動を察《さっ》するのは少し上級のサービスです。たとえばオーダーのとき。お客さまが手を上げる前にお伺《うかが》いするのが本当の接客サービスです。たとえば、お客さまは手を上げる前に、キョロキョロ見渡してお店の人を探すしぐさをします。その動作をキャッチすれば、「手を上げる前に」客席に近寄って行けます。そうしたお客さまが出すサインはいろいろあります。それに気づくことが、気くばりができるということです。

21

「運び屋さん」にならないように、行き帰りにもテーブルの上に目配《くば》りをしましょう。

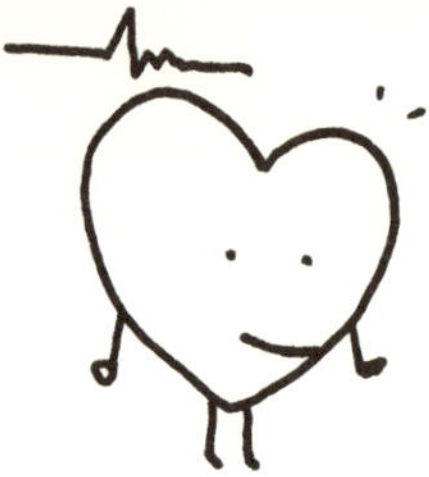

オーダーを受けたらキッチンへまっしぐら。料理ができたらお客さまの元へ一直線。これはこれでスピーディーな対応といえるでしょう。でも、ただの「運び屋さん」になってはいけません。もっとテーブルの上に目くばり、気くばりをすることが大切です。お客さまに料理を提供したら、手ぶらで帰ってこないこと。空《あ》いたお皿の一つでも持ってキッチンへ戻《もど》りましょう。料理を提供した後は、周りの状況を把握《はあく》して「手ぶらで戻《もど》らない」ことを心がけましょう。

❤客席では、「行きも帰りも」やるべき仕事をしよう

22

一つ一つの料理はお店のシンボル。心をこめてお持ちしましょう。

❤料理への姿勢は、料理の「持ち方」にも表れる

料理はお店の商品です。このことを意識しない人が意外にたくさんいます。心をこめて、丁寧《ていねい》にお持ちしましょう。大切だと思っていれば、自然と置き方も丁寧《ていねい》になります。音をたてないように気をくばるようになります。料理を大切に思っているかどうかは、テーブルに置くときの置き方に表れます。大切に思っていないとぞんざいに置いてしまいます。大きな皿を片手で持つのがカッコイイのではなく、大切な皿と料理はきちんと両手で持つことも基本です。

23

「空《あ》いているお皿をお下《さ》げしてもよろしいでしょうか」と了解《りょうかい》を取ってから、器に手を伸ばしましょう。

微妙《びみょう》なことですが、「お下《さ》げしてもよろしいでしょうか」という言葉と手の動きが同時でもいけません。食べ終わったと、あなたが思っても、付け合わせの野菜をまだ食べたいとお客さまは思っているかもしれません。その皿に手を伸ばす「しぐさ」だけで不愉快《ふゆかい》な思いを抱《いだ》かせてしまいます。「よろしければ、空《あ》いているお皿を下げさせていただきます」と言ってから、空《あ》いているお皿をお下げすることがお客さまに安心感を与えます。

♥器を下げる前に、大切な「ひと言」を

24

「ごはんは左、汁物は右」に置きましょう。

❤食事をするお客さま本位の「ルール」を覚《おぼ》えよう

料理の提供マナーには「ルール」があります。ルールとは、食事をされるお客さま本位のルールです。お客さまが「食べやすい」ということがすべてのルールの基本にあります。たとえば「ごはんは左、汁物は右」は最も基本的なルールです。右利《き》きの人が多いから、右手で箸《はし》を持って、左手で茶碗を持つほうが食べやすいから「ごはんは左」に置きます。食べやすい位置に置くのが、サービスの基本です。ルールを知らないで出すと、おいしさも下がります。

25

コーヒーは飲みやすい位置に差し出します。

コーヒーやドリンクは、お客さまが最も飲みやすい位置に置きます。これも基本中の基本です。もし、お客さまが本を読んでいたり、書き物をしているときは、「お待たせしました」「コーヒーをお持ちしました」と、ひと声かけてから置きます。無言で置くと、お客さまがコーヒーに気がつかないでこぼす原因にもなるからです。

❤飲み物はお客さまの「状況」を見極めて提供

26

料理の「正面」を向けて置きましょう。

料理が一番おいしく見える「表情」を知ろう

料理を提供するときは、料理の向きを考えて、お客さまが食べやすい位置に置きましょう。料理には「正面」があります。料理によっては正面がないものもありますが、きちんと正面をお客さまに向けて置きましょう。調理スタッフも食べやすいように、また見た目にも美しいように盛り付けているのです。この「食べやすい」「見た目に美しく見える」のが正面です。料理のどこが「正面」なのか、きちんと覚《おぼ》えてお客さまに提供するようにしましょう。

27

魚の頭は、お客さまに向かって左の向きで出します。

魚一尾の料理の置き方にも基本ルールがあります。右利《き》きの人が多いので、魚に関しても、右利《き》きの人が食べるときに食べやすい置き方をします。お客さまに向かって頭を左の向きに置き、腹側を手前に向けます。こうすると魚のお腹の部分が食べやすいからです。こうした常識には、年配のお客さまは敏感《びんかん》です。ルールを間違うと中には不快に感じる方もいらっしゃいます。

❤「食べやすさ」を考えた魚料理の置き方を

28

おしぼりでテーブルを拭《ふ》くのは、お客さまに悪い印象を与えます。

♥おしぼりの扱《あつか》い方にも気くばりを

テーブルの後片付けにもお客さまの視線を気にしましょう。よくあることですが、お客さまが見ていないと思って、ついついおしぼりでテーブルを拭《ふ》いてしまいがちです。しかし、お客さまは見ていないようで、よく見ています。間違えてはいけないのは、おしぼりは「お客さまが使うもの」だということです。たとえ洗っても、ぞうきんのように扱われたおしぼりをお客さまは使いたくありません。テーブルは、きちんとダスターで拭《ふ》きましょう。

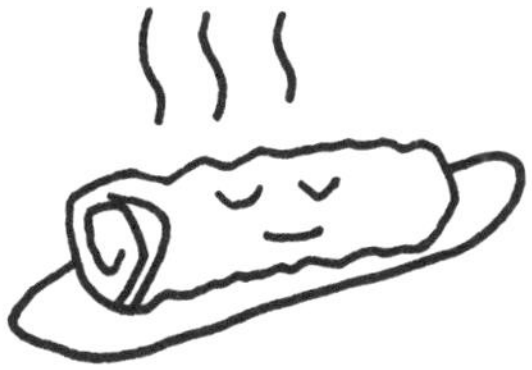

29

休憩中でも、店の外でタバコを吸うときは要注意!

ユニフォームを着ているときは、お店の中ではもちろん、お店の外でも緊張感を持ちましょう。たとえ休憩中でも、ユニフォームを着ているときは「店の顔」です。だらしない行動や印象の悪い行動はやってはいけません。タバコを吸うなら灰皿のあるところで吸います。あるいは携帯式の灰皿を使用するなど、最低限の喫煙マナーは守りましょう。店の中と同じように他人の目を意識するようにしましょう。

❤お客さまの目は「店の外」でこそ強く意識しよう

30

休憩中でも、店内で、携帯電話で話すのは要注意。

♥お客さまに強いる禁止事項は、スタッフが「見本」に

電車のなかでの携帯電話の使用が問題になっているように、お店の中でも携帯電話の使用には十分に配慮《はいりょ》する必要があります。店内での携帯電話の使用は「原則禁止」です。ほとんどのお店で、そのことをお客さまにもお願いしています。お客さまに禁止しているのに、スタッフが店内で携帯電話を使っているのではお客さまに示しがつきません。休憩中でも同じことです。携帯電話は「店の外で」が鉄則ですが、大声にならないようにします。

31

店内の温度・空調は、お客さまの様子を見てチェックしましょう。

イスに座っているお客さまと、絶《た》えず動いているスタッフとでは「体感温度」が違います。動いているスタッフの体感温度に合わせると、ついクーラーをきかせ過ぎて、お客さまから「寒い」とクレームがきます。店内のお客さまの人数にもよりますが、店内の適温は23〜24度と考えましょう。こまめに、絶えず室内温度をチェックしましょう。また、「空調の風の強さ・向き」にも気くばりをしましょう。お客さまの顔や身体に風が直接当っていないかどうかをチェックしましょう。

♥お客さまに合わせた「店内温度」に気を配ろう

32

BGMは、「曲調とボリューム」に注意しましょう。

❤お客さまの居心地《いごこち》を高める「演出」に工夫しよう

店内の活気を出すためにBGMはある程度の音量、ボリュームは必要でしょう。ただし、お客さまの声が聞き取りにくくなるような音量はタブーです。一定の音量にしておくことが大切です。ボリュームは一定の音量に設定し、アルバイトの誰でも設定できるように、決めたボリュームの目盛《めも》りのところに印をつけておくとよいでしょう。お店の雰囲気やコンセプトに合ったBGMに気をくばり、居心地《いごこち》の良い空間づくりをしましょう。

33

店での掃除《そうじ》は、毎日工夫《くふう》をしてみましょう。

掃除《そうじ》の基本は、より合理的に、より美しく、より清潔《せいけつ》に。このことを意識して毎日の掃除《そうじ》に工夫《くふう》してみましょう。こうすれば、よりきれいになる、こう整理すると掃除が楽になる…など掃除にも工夫が大切です。お店の中も外もお客さまの目の届くところは、いつもきれいに保ちましょう。きれいに見せるように意識することから、工《く》夫《ふう》も生まれます。一日の清掃《せいそう》チェックリストを作り、時間帯、場所、担当者を決めて、毎日きっちりと守るようにしましょう。

❤おもてなしの姿勢《しせい》は毎日の清掃《せいそう》から

清掃チェックリスト　　　　　月　　日

場所	指摘事項	みがき 朝	みがき 夕	整頓 朝	整頓 夕	破損 朝	破損 夕
外回り・玄関							
駐車場							
植木							
看板							
玄関							
ドア							
マット							
床							
フロア							
レジ周り							
床							
イス・テーブル							
窓ガラス							
照明							
テーブル上調味料							
カスターセット							
デシャップ周り							
空調機							
調理場							
床							
作業台							
食器							
冷蔵冷凍庫内整理							
冷蔵冷凍庫外回り							
厨房機器							
トイレ							
床・壁							
洗面台							
便器							
におい・香り							
トイレットペーパー							
タオル							
控え室							
更衣室							
資材庫							
ロッカー							
清掃用具							

チェック時間	時	時	時	時
チェック担当者				

34

お店の備品は大切に扱いましょう。

お店の備品は会社のものです。お客さまが使うものです。まずこのことをしっかりと覚《おぼ》えておきましょう。客席フロアにあるテーブルもイスも食器も雑誌も新聞も、すべてお客さまに気持ちよく使っていただくことがサービスになります。そして、それらの備品を毎日の掃除《そうじ》やメンテナンスで常に清潔《せいけつ》な状態に保ち、整理整頓《せいとん》を心がけるのはサービス係の大切な役割です。スタッフ全員が、どこに何があるのかも常に把握《はあく》しているようにしましょう。

❤「お店のものはお客さまが使うもの」を意識しよう

35

伝票は両手で受け取ります。

❤お客さまとの授受《じゅじゅ》では「敬意」と「感謝」を示す

お金も伝票も名刺も、お客さまからいただくもの、渡されるものは、基本的にはどんなものでも両手で受け取るのが原則です。「お客さまとの授受《じゅじゅ》は両手で」ということをマナーとしてしっかりと覚《おぼ》えておきましょう。特に金銭の授受《じゅじゅ》がからむレジでの会計のさいは「両手で」をきちんと守りましょう。お客さまから伝票を渡されたら、きちんと両手で受け取り、伝票を胸より上まで上げて軽くお辞《じ》儀《ぎ》をしましょう。片手で受け取りながらお辞《じ》儀《ぎ》したり、「ながら」の接客をやめるようにしましょう。

36

おつりは両手でお渡しします。

お客さまにつり銭を渡すときも、両手でお渡ししましょう。お札の場合は特に両手でお渡しします。つり銭が小銭だけのときもカルトンに小銭をのせると取りにくいので、基本的には両手でお渡ししますが、これは二通りの渡し方があります。両手でお渡しして、自分の掌《てのひら》にある小銭をお客さまに取っていただくケースと、お店によっては、片方の手をお客さまの手の下に軽く添《そ》えて、小銭が落ちないようにして手渡しするケースがあります。後者はファストフード店やファミリーレストランなどでマニュアル化しているところもあり、より丁寧《ていねい》な印象を与えます。

❤金銭の授受《じゅじゅ》はより丁寧《ていねい》に

37

お客さまが「おいしかったです」とおっしゃったら、嬉《うれ》しさを顔に出しましょう。

♥お客さまから感謝されたら2倍の笑顔で返そう

嬉《うれ》しいときは、嬉しさを素直《すなお》に表現しましょう。お客さまから「おいしかったよ」と言われたら、あなたの一番いい笑顔で「ありがとうございます」「またおこしください」と、素直《すなお》に表現しましょう。お客さまから親しみをもたれます。嬉《うれ》しさをどう表現するかは決まりはありません。個々の性格で、感情表現があまり上手でない人もいます。でも、お店は「舞台」です。そこで働くあなたは「役者」です。普段うまくできないことでも努力してできるようにしましょう。

38

お客さまから名刺《めいし》をいただくときは、胸より上で受け取るようにします。

伝票を受け取るときと同じことです。お客さまの名刺《めいし》はきちんと両方の手で受け取り、胸より上まで上げてお辞儀《じぎ》をしましょう。敬意《けいい》をはらって胸より上で受け取ります。名刺を受け取るのは領収書を書くときによくあるケース。もし名刺をいただいたら、「頂戴《ちょうだい》して もよろしいですか」とお客さまに確認して、できるだけいただくようにしましょう。黙《だま》って返されるとお客さまは寂《さみ》しいもの。お返しするときは、丁重《ていちょう》に、「ありがとうございました」と言い添《そ》えてお返しします。

❤お客さまの名刺を大切に扱おう

39

領収書の宛名《あてな》を聞いて、字がわからないときは書いていただきましょう。

❤「知らない」より「間違う」ことは何倍も失礼

いまの若い人で、領収書の宛名《あてな》を書くときの「上様《うえさま》」の習慣を知らない人がいます。「上《うえ》でいいよ」と言われて「うえ」や「ウエ」と平仮名やカタカナで書いてしまう人が実際にいます。漢字がわからないのは恥《はず》ずかしいことではありません。でも、間違って書くことはとても失礼です。カタカナの会社名も聞き間違いの元です。レジにメモ用紙を常備して、字がわからないときは、お客さまに書いていただくようにしましょう。

40

満席でお帰りいただくときは、「深いお辞儀《じぎ》」でお見送りします。

一度来店したお客さまは「絶対に返さない」というくらいの熱意を持って接客にあたるのが基本です。たとえ満席でも、「満席です」とすぐ断るのではなく、「少々お待ち下さい」と席を作ろうとする努力と熱意を態度で示します。でも、満席で、どうしてもお返ししてしまうことがあります。その場合は、「申し訳《わけ》ございません」という言葉とともに、お迎《むか》えのときよりも深いお辞儀《じぎ》でお見送りしましょう。せっかくご来店していただいたのに、食事を召し上がっていただけなかったお詫《わ》びを心からしましょう。

❤次につながるような「満席対応」を考えよう

41

お見送りのお辞儀《じぎ》は、お迎《むか》えのときより深くしましょう。

❤「最後の印象」の善《よ》し悪しもリピーター獲得のカギ

最後のお見送りはとても重要です。お迎《むか》えのときよりも深いお辞儀《じぎ》でお見送りしましょう。お店の混雑状況にもよりますが、お客さまがレジに背を向けて帰られるまでその場を動かないようにしましょう。状況が許せば、お客さまが見えなくなるまでお見送りしましょう。そして最後に一礼をしましょう。お客さまは店を出て、少し離れてから振《ふ》り返《かえ》ることがよくあるものなのです。また、店内のお客さまもあなたのお見送りの姿を見ているものです。

42

忘れ物がないか、すぐにチェックしましょう。

忘れ物の確認は、忙しいときにはなかなか気がまわらないこともあります。お客さまが席を立ってから入口を出るまでの間に、連携《れんけい》プレーで行なうとよいでしょう。ホール担当の人は、お客さまが席を立ったらすぐにテーブル周《まわ》りをチェックします。テーブルの後《あと》片《かた》付《づ》けのタイミングではお客さまがすでに帰っていない可能性があります。レジ担当の人は、最後に「お忘れものはございませんか？」と声をかけてあげましょう。特に傘の忘れ物の多い雨の日は、「傘をお忘れなく」のひと言を必ずおかけするようにしましょう。

❤忘れ物がないようにするのも接客の仕事

43

忘れ物があったら、保管は、決められた場所に。

♥忘れ物はスタッフ全員が対応できるように管理しよう

お客さまの忘れ物は「管理」が重要です。忘れ物台帳やノートを用意し、お客さまから問い合わせがあったら即座に対応できるようにしましょう。ノートには、日時、時間、品物、座席など、忘れ物に関する情報を記録します。忘れ物ノートは決められた場所に置きます。お客さまから問い合わせがあったら、スタッフの誰が出ても即座に答えられるように管理しておきましょう。忘れ物も決められた場所にきちんと保管し、お客さまが受け取りにきたらすぐにお渡しできるようにしましょう。

44

濡《ぬ》れた手のまま、接客の仕事をしないようにしよう。

手洗いは大切です。でも、濡《ぬ》れた手のままコーヒーを出されたり、料理を出されると、お客さまはいい気持ちになれません。サービス係の指、手というのは、想像以上にお客さまはよく見るものなのです。指に巻いたバンソウコウが汚れているだけで、悪印象です。手を洗ったら、よく拭《ふ》いたり乾燥させ、濡れたところが残ってないかチェックを。そんなチェックができる心の余裕も大切です。

❤**手を洗ったら、よく拭《ふ》くか乾燥を**

45

アクセサリーは極力付けないようにしましょう。

♥店のコンセプトに合ったお洒落《しゃれ》感覚を持とう

いまは男性でもピアスを付ける時代です。お洒落《しゃれ》なバーやカフェなど、店のコンセプトによってはアクセサリーが許されるお店もあります。でも、飲食店の職場は遊びに行く格好《かっこう》とは違います。お客さまが主役であって、働くスタッフは脇役です。ＴＰＯをわきまえ、どこまで許されるのか、店長に確認してみましょう。また、「ダサイ」というのもマイナスです。清潔感とともにお洒落《しゃれ》感覚もある程度必要です。ただし、自分本位のお洒落《しゃれ》ではなく、店の雰囲気に合ったお洒落《しゃれ》感覚を理解しましょう。

46

香水、化粧品、シャンプーの香りは、仕事中はごく控《ひか》えめに。

お化粧は、顔の表情をよりよく見せるものと考え、ごく控《ひか》えめがよいでしょう。香水、シャンプーの香りも控《ひか》えめにしましょう。肝心《かんじん》なのは、「料理のおいしさを損《そこ》なわない」ようにすることが基本です。お店で働いている以上、お客さまの前に出るには清潔《せいけつ》感が一番大切です。服装の清潔感とともに、身体の清潔感も常に保《たも》たなければいけません。女性ならばお化粧も大切です。ただし、お客さまよりも目立つような派手《はで》なお化粧はマイナスです。

❤お化粧などの「香り」は控《ひか》えめに

47

長い髪の人は、仕事中はまとめましょう。

♥髪を束《たば》ねる「お洒落《しゃれ》感」も覚《おぼ》えよう

髪はさっぱりと、清潔《せいけつ》感を感じさせるのが基本です。長い髪はダメ、短いのはいいということではなく、基本は清潔感です。髪の長い人は、髪の毛が料理に入らないようにしっかりと束《たば》ねましょう。また、髪を触《さわ》る動作もダメ。髪の毛が落ちなくても、決して印象のよいものではありません。髪が短い人でも同様です。髪を染《そ》めるのも、店の雰囲気に合わないヘアカラーは避《さ》けたほうが、店に迷惑《めいわく》がかかりません。

48

ユニフォームは自己責任で清潔にしましょう。

ユニフォームはお店のものであり、身につけるあなたのものです。お店まかせにしないで、常に清潔《せいけつ》な状態をキープするように心がけましょう。汚れはないか、ほころびはないか、毎日、自分でチェックをして、清潔なユニフォームを着て仕事をするようにしましょう。ただし、「このぐらいならいいだろう」という、清潔さの感覚が人によって違います。だから、スタッフ同士、仲間同士でチェックし合い、他の人に判断してもらうことも大切です。

❤ユニフォームは「相互チェック」で清潔さをキープ

49

靴の汚れにも気をつけましょう。

♥足元の身だしなみも意識しよう

どんなにお洒落《しゃれ》で清潔《せいけつ》なユニフォームを身に着けていても、靴が汚れていたら大きなマイナスポイントです。汚れたスニーカーや表皮が色あせた靴をはいていませんか。スニーカーのかかとを踏《ふ》んではいている姿はレストランではだらしなく見られます。足元は、立って働くスタッフの目線ではなかなか気づきにくいものですが、テーブルに座って食事をしているお客さまの目線からは、スタッフの足元はとてもよく見えます。靴にすぐに目がいくので注意が必要です。座っているお客さまの目線を常に意識しましょう。

50

自分の「後ろ姿」も清潔かを気にしましょう。

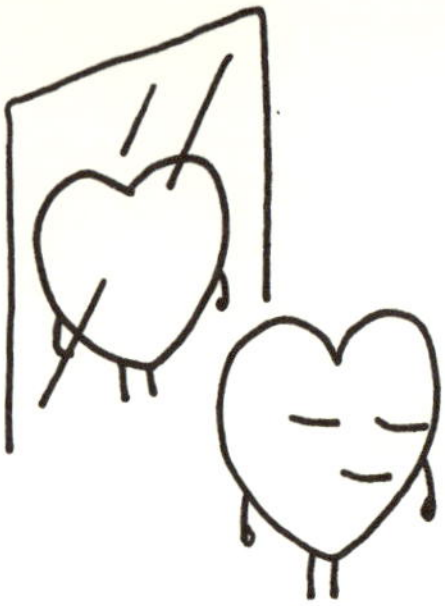

お客さまは、あなたのユニフォームも、髪型も、足元もよく見ています。さらに、お客さまには、あなたの「後姿」も見られていることを忘れないようにしましょう。毎日、ユニフォームの汚れをチェックするときには背中の部分もきちんとチェックします。スタッフ同士で相互チェックをするときは、後姿も見てもらうようにしましょう。ズボンのおしりのポケットから携帯電話のストラップが飛び出ているのは、みっともないものです。

❤お客さまの目線は、後にもある

51

指や手にケガをしたらバンソウコウを。バンソウコウは汚れたらすぐに取り替えよう。

♥指先の清潔感に特に配慮を

手にケガをしてしまったら、すぐにバンソウコウを貼《は》りましょう。バンソウコウが汚れたら、すぐに新しいものと取り替えましょう。どんなによく手を洗っても、バンソウコウが汚れていたら台無しです。仕事中はバンソウコウは常に清潔なものを使用することです。注意したいのは、キッチン担当がホールに出て接客するとき。汚れたバンソウコウを付けたままホールに出ることのないよう、よく確認しましょう。お客さまは清潔さを一番求めています。

52

電話には飛んで出ましょう。

お客さまは、あなたが考えている以上に「待《ま》てない」ものだと理解してください。「少々お待ちください」の「少々」は、待たせるほうと待つほうでは、時間の長さの感覚がまったく違います。電話を受ける場合でも、2〜3回のコールが鳴ったくらいでは、「待たせた」感覚はないかもしれません。でも、コールが3回以上鳴ってしまったら「お待たせしました」と、きちんとお詫《わ》びの言葉を添《そ》えましょう。自分が電話に出れないなら、他のスタッフに「電話お願いします」と声をかけます。

❤3コールで「お待たせしました！」

53

電話で用件を聞く場合は、メモをとりましょう。

❤電話での用件は、正確に把握《はあく》し、記録する

電話で話すときは、相手の意図《いと》を「よく聞き取る」ことが大切です。特に忙しい時間帯では、用件を何度も聞き直さないようにします。電話口のお客さまも長く電話で話すのは嫌《イヤ》なものです。そのためにも、メモをとることです。メモ用紙を持って電話に出るクセをつけましょう。ただ、予約を受けるさい、書いたメモをなくしてしまう人がいます。予約の電話は、予約ノートに直接書き込むか、メモにとったとしてもすぐに予約ノートに書き写すようにしましょう。

54

電話で伝言を受けたら、相手の名前、連絡先、用件を読めるようにメモを。

電話で用件を受けるときは、内容とともに、お客さまの名前と連絡先を忘れずに確認しましょう。特に連絡先は、間違いのないように必ず復唱《ふくしょう》しましょう。お客さまの要望にその場でお答えできない内容もあります。折り返して連絡するさいに、お客さまの連絡先が必要です。このときのメモは、店長や先輩に渡すものとなります。自分だけが読めるメモにしないように。つまり、電話でのメモは、日頃からきちんと丁寧《ていねい》にするように心がけておくことが大切です。

❤**電話では「折り返す」ことも考えて用件を受けよう**

55

店内の通路でお客さまとすれ違うときは、立ち止まってお客さまを先にお通しします。

♥「お客さま優先」のサービスに徹しよう

接客サービスの現場では、常に、すべてにおいてお客さまが優先《ゆうせん》です。店内の通路でお客さまとすれ違うときも、いったん立ち止まってお客さまを先にお通しするのがマナーです。横によけるだけでなく、立ち止まって軽く頭を下げ、お客さまを先にお通しするのが大切です。料理や片付けものを運んでいるときも同じ対応をとります。料理を運んでいるときは、お客さまのほうが気をつかって立ち止まることもあります。その場合は、「恐《おそ》れ入ります」と笑顔で素直にお礼を言いましょう。

56

お客さまから苦情やクレームをいただいたら、すぐに対処できることはしましょう。

お客さまからのクレームは、誠心誠意《せいしんせいい》受けましょう。ご無礼《ぶれい》があったら真っ先にお詫《わ》びをします。クレームの内容によってはあなただけで対処できないこともあります。すぐに店長に報告します。大切なのは対処しようとする姿勢を見せることです。自分は関係ない、自分に責任は全くないという態度はしてはいけません。クレームを受けてから解決するまでの時間が長ければ、ほんの小さなクレームも大きな怒《いか》りに変わります。クレームは問題点の発見でもあるので、早急に改善するようにしましょう。

♥クレーム対応は「解決」以上に「姿勢」が大切

57

メニューブックは大切に扱いましょう。

♥メニューブックは大切な商品を映す「鏡」

メニューブックはお店の商品をPRする「宣伝媒体《せんでんばいたい》」です。毎日きれいに磨いて、汚れや破れがないように大切に扱いましょう。汚れていたり、破《やぶ》れているメニューブックは、それだけで料理のおいしさを半減させます。お客さまも注文意欲をなくしてしまいます。毎日のクリンネス、清掃《せいそう》をこころがけましょう。メニューブックは、基本的にお客さまのためにあります。お客さまのものです。あなたが大切に扱うことはもちろん、整理整頓《せいとん》を心がけ、いつも所定の場所に置かれていることが大切です。

58

店頭の掃除《そうじ》をしているときは、通行人やご近所の人に挨拶《あいさつ》をしましょう。

お店の外にいるときも、ユニフォームを着ているときは店の顔、代表です。いったんユニフォームを身につけたら、お店の外では店長もアルバイトの人も同じ目で見られます。店頭の掃除《そうじ》をしているときにご近所の人と顔を合わせたら、「こんにちは」「おはようございます」ときちんと挨拶《あいさつ》をしましょう。お店の外では、通行人もご近所の人も、すべての人がお客さまだと思いましょう。ご近所の人とは仲良くしておくのもサービス業の基本です。

❤お客さまは、店の中にも外にもいる

59

駐車場や植え込みも「店の一部」として見ましょう。

❤「入ってみようか」は〝店の顔〟で決まる

店頭の掃除《そうじ》はきめ細かく、が基本です。お店の入口周辺や道路が汚れていたら、それだけでお客さまは入りたくなくなります。入口のドア、マット、ガラスはもちろん、駐車場やお店の周《まわ》りの植え込みや植物もきちんと手入れをしましょう。ゴミや汚《よご》れがないように、毎日の清掃《せいそう》で清潔感を保つようにしましょう。入口は「ゴミゼロ」が基本です。また、看板は特に大切にしましょう。看板はお店の「顔」です。壊《こわ》れていないか、店名やメニュー表示がはっきりとわかるかを常にチェックするように心がけましょう。

60

「料理は上座《かみざ》から提供する」ことも知っておきましょう。

料理を提供するときは、「正しい順番」で提供しましょう。料理は「上座《かみざ》」から提供するのが基本です。お店の中でいう上座《かみざ》は、入口から向かって右手奥の席、あるいは庭などの見晴《みは》らしのよい席をいいます。店内の装飾品や絵画などがよく鑑賞《かんしょう》できる席もそう。上座《かみざ》には、たいていの場合は主賓《しゅひん》が座ります。わかりにくい場合は、家族連れならお父さんやお年寄り、カップルならば女性、サラリーマングループならば上司（らしき人）から順番に提供しましょう。

❤おもてなしは「正しいマナー」から

61

食器のヒビ、カケがないかチェックしましょう。

❤きれいな食器は料理のおいしさを引き立てる

「食器はお客さまのもの」です。お客さまが使うものは、どんなものでも丁寧《ていねい》に扱いましょう。ヒビ割れていないか、汚れていないか、口紅の洗い残しがないかなど、チェックしましょう。厨房スタッフも気をつけていますが、あなたも客席に運ぶ前にチェックしましょう。どんなにきれいに盛り付けても、お皿が汚れていたり、ヒビ割れていたら料理は台無しです。お皿の底やコーヒーカップの底が濡《ぬ》れているのもダメ。

62

食器、グラスは丁寧《ていねい》に扱いましょう。

お店の備品で最も壊《こわ》れやすいものが食器やグラスです。でも、陶器やガラス製品だから割れるのを当たり前と思ってはいけません。お店の器には、とても高価なものもあります。丁寧《ていねい》に持たない、慎重《しんちょう》に洗わないから破損しやすいのです。お店の食器やグラスは特に丁寧《ていねい》に、気を緩《ゆる》めずに慎重《しんちょう》に扱いましょう。「食器破損ノート」をつくって厨房に置き、自己申告して記入してもらうと、食器破損は少なくなります。

❤食器破損ノートをつくろう

食器破損ノート

月／日	食器の種類	個数	破損理由	破損者	備考

63

お客さまの「食べ残し」はキッチンに報告しましょう。

お客さまの「食べ残し」はとても重要な情報だということも知っておきましょう。ありがたいクレームの場合もあるのです。料理が食べにくかったのか、量が多かったのか、それともおいしくなかったのか。お客さまの反応を知るための大切な情報です。お客さまの食べ残しがあったら、すぐにキッチンに報告しましょう。報告をしないと、調理担当者が気づかないうちに洗い場に回《まわ》してしまうこともあります。食べ残しを報告することは、お客さまの要望に応《こた》えることと、料理のレベルアップにつながることと考えましょう。

♥「食べ残し」は改善のための貴重《きちょう》な情報源

64

灰皿を提供するときは、灰皿が濡《ぬ》れていないか確認しましょう。

♥タバコを吸う人の身になって灰皿に気くばり

お客さまがタバコを灰皿に置いたら、灰皿が濡《ぬ》れていてタバコが濡《ぬ》れたり、火が消えてしまったら、どう思うでしょう。灰皿にしても、取り皿にしても、コーヒーカップのソーサーにしろ、濡《ぬ》れたままお客さまに出すこともとても失礼なことです。水滴《すいてき》がお客さまの大切な本や書類を濡《ぬ》らすかもしれません。小さな水滴が大きな不快を呼ぶことがあるのです。

65

お冷《ひ》やのグラスの底、コーヒーカップの底が濡《ぬ》れていたら拭《ふ》いて提供します。

これも灰皿と同じことです。ただし、タバコを吸う人に限られる灰皿に比べて、すべてのお客さまが対象になるので、ミスをしたときの反動は何倍にも大きくなります。もしも、コーヒーカップの底にこぼれたコーヒー液が、カップを持ち上げたときにお客さまの洋服やズボンに垂《た》れてシミを作ったら。お客さまによっては不愉快《ふゆかい》どころか「怒り」にもなります。こんな小さなことが、お客さまの大きな不快感につながるのだということを覚《おぼ》えておきましょう。

♥**お客さまの「不快」は小さなことでも取り除こう**

66

こぼしたり、落としたりしたら、まず、お客さまの安全確認をします。

♥「ガチャン」と聞こえたら、真《ま》っ先《さき》にお客さまの元へ

お客さまに料理をこぼしてしまったら、お客さま自身が料理や食器を落としてしまったら、真《ま》っ先《さき》にお客さまの安全を確認しましょう。「大丈夫《だいじょうぶ》ですか?」「おケガはございませんか?」と、お客さまをまず気づかいます。「お客さまにケガはないか?」と、お客さまの安全を第一に考え、ご無礼《ぶれい》のないように対処します。あなたがミスをした場合は誠心誠意《せいしんせいい》お詫《わ》びをしましょう。そして、洋服を拭《ふ》いてあげる、おしぼりを持ってくるなど、すぐに対処しましょう。

67

他のスタッフがミスをしたとき、手伝うことはないか、フォローしましょう。

ミスをしたときは、一人で対処しきれないことがあります。ミスをした当事者は一種のパニック状態になり、落ち着いて行動をとれないこともあるでしょう。スタッフの誰かが食器を落としたり、お客さまにドリンクや料理をこぼしたときは、一緒《いっしょ》に対応しましょう。お客さまに対応する人、おしぼりを持ってくる人、掃除《そうじ》用具を持ってくる人など、自分にも何か手伝うことはないか、すぐに状況《じょうきょう》判断《はんだん》をして手伝いましょう。

❤仲間のミスはスタッフ全員でフォローしよう

第3章

おもてなしの基本ハート

あなた自身を「プロ」に成長させる素《もと》

1

お客さまを「5秒」でも待たせることは大変失礼なことだと思いましょう。

お客さまを少しでも待《ま》たせたら「お待たせしました」と、まずお詫《わ》びをしましょう。それからすぐに次の動作に移りましょう。お客さまは、ほんの少しでも待つことは苦痛です。「お待たせして申し訳《わけ》ございません」とお詫《わ》びをして、「今、片付《づ》けておりますので」と待たせる理由をお伝えすることです。そして、「セッティングが終わり次第《しだい》すぐにご案内させていただきます。少々お待ち下さいませ」と、次にどうするかということも伝えることです。正確に、テキパキと対応しましょう。

♥「お待たせしました」はお客さまを安心させる言葉

2

お客さまはみな、「幼いお子さま」か「お年寄り」だと思っておもてなししましょう。

❤もてなしは「弱者」に目を向けた姿勢が大切

「やさしく」「親切に」「わかりやすく」がモットーです。「トイレはどちらですか?」と尋《たず》ねられたら、お客さまと同じ方向を向いて、トイレの方向を手のひらでしっかり示すか、トイレの場所までご案内しましょう。お客さまが小さなお子さまのときは、誰でも親切に、やさしく接します。お年寄りであれば、ささいなことにも気づかうはずです。それと同じように、他のどんなお客さまに対しても親切、丁寧《ていねい》に接するように心がけましょう。そうすれば、自然と話す言葉もゆっくりと、わかりやすくなります。

3

忙しいときは、普段の「倍《ばい》」の気配《くば》りを心掛《こころが》けましょう。

忙しいときは、注意力が普段よりも落ちがちになります。疲労感も増します。そうすると、オーダーを間違えたり、料理や飲み物をこぼしたり、食器を割ったりなど、トラブルが発生する率がグンと高くなる傾向があります。お客さまへの対応も怠《おこた》りがちになります。お客さまは「忙しいから仕方がない」と妥協《だきょう》してはくれません。忙しいときほど、普段よりも何倍も気を張《は》って、他のスタッフのことも気づかいながら仕事をするくらいが、ちょうどいいのです。

❤忙しいときほど「サービスの質」が問われる

4

自分を「激励《げきれい》」して仕事をしましょう。

❤疲れているときほど声を出して自分にエールを送ろう

忙《いそが》しくて疲れているとき、朝から体調がすぐれないときは、仕事中に声が少なくなります。逆に、元気がないときほど声を出すと、人間は元気になれるものです。それが自分を激励《げきれい》することになります。こうした「セルフコントロール」をできるようにしましょう。「元気がないな」と感じたら、まず声を出しましょう。それと同時に笑顔をつくりましょう。そして自分を激励《げきれい》し、楽しく仕事をする方向へ自分自身を持っていきましょう。声を出して自分の気持ちにエールを送りましょう。

5

常にチャレンジする気持ちを忘れずに。

だらだらと働いているだけではお客さまを喜ばせることはできません。目標もなく働いているだけでは、接客サービスのレベルは上がりません。自分の働くモチベーションを上げるためには、常にチャレンジする気持ちを忘れないようにしましょう。あなたのもてなしで、お客さまに喜んでいただいている姿を常に想像してみるようにしましょう。お客さまの笑顔をイメージしましょう。そうすれば、もっともっと積極的にもてなしてあげようと、次のステップにチャレンジすることができます。

❤「お客さまの笑顔」がサービスの向上に

6

自分のポジションをしっかり守りましょう。

❤個々の良い仕事の集合体が、完璧なチームワークを生む

レストランは野球チームと似てます。平均打率が低くても、攻走守のバランスがいいと負けないチームになります。1人だけがんばってもなかなか勝てません。大切なのはチームとして各自がポジションをしっかりと守ることです。ドリンクバー担当、レジ担当、調理担当、接客担当など、それぞれが、まず自分のポジションをしっかりこなし、きちんとした仕事をしたうえで、チームワークを持ちましょう。

7

「報告」は、正確にしましょう。

報告・連絡・相談の、いわゆる「ホウ・レン・ソウ」は、能率的・合理的・発展性の高い仕事をするための鉄則です。なかでも毎日の「報告」は基本です。お客さまから要望があったらきちんと報告しましょう。特にクレームは正確に伝達しましょう。自分にとって不利なことも、自分のミスを率直《そっちょく》に、きちんと店長やマネージャーに報告しましょう。自分にとって不利なことは報告したくないものですが、不都合《ふつごう》なことほど報告しなければお店はよい方向に向かいません。また同じことを繰《く》り返すだけです。

❤クレームやミスほど正確に報告しよう

8

「報告しなくてもいいかな」と一瞬思ったことも、報告しましょう。

❤「当たり前のことができない」から報告の必要性がある

報告は、いいことばかりを報告していてはいけません。自分にとって小さなことであっても、店にとっては大きな問題を産《う》むかもしれません。「当たり前のことを当たり前のようにやる」。この当たり前のことをできていないから、報告する必要があるのです。たとえば、「お客さまから褒《ほ》められたこと、尋《たず》ねられたこと、要望されたこと、注意されたこと、しかられたこと」、どんな小さなことでも、正確に報告しましょう。

9

「連絡」は、こまめに要領《ようりょう》よくしましょう。

連絡は、スピーディーに、正確に、要領《ようりょう》よく、が基本です。たとえば「連絡事項は3つあります」とまず結論から先に述べるようにすると、あなたの好感度は上がります。そして、「1つは○○、2つめは○○、3つめは……」というように、ポイントをおさえ、簡潔《かんけつ》明瞭《めいりょう》に要領よく連絡しましょう。簡潔明瞭な連絡を、こまめに何度も行なうことです。そのためには、連絡事項をこまめに書き出しておくとよいでしょう。店長や経営者はみな忙しいものです。だらだらと連絡していたら聞いてくれません。

❤「聞いてもらえる」連絡のテクニックを覚えよう

10

お店の営業時間・定休日などを覚《おぼ》えましょう。

❤自分の店の情報を正しく説明できるように

お客さまに「説明」できるようにするために、店の情報を覚《おぼ》えましょう。営業時間と定休日、お店の場所、駅からの道順、料理の内容などを文章化しておきましょう。特にお客さまから電話で問い合わせがあったときに、スタッフの誰が説明しても同じように的確に簡潔《かんけつ》に店への道順などを説明できるようにしたいものです。

11

「今日の仕事」を理解してから仕事を始めよう。

その日一日の仕事で何をすべきかを、スタッフ全員が仕事に就《つ》く前に理解しておくことはとても大切です。お客さまへの注意すべき対応や、予約のお客さまへのスピーディーな対応などができるように業務連絡ノートを作って活用しましょう。ノートには店長のみならずスタッフ全員が記入しましょう。スタッフみんなで同じ目標を持って仕事にのぞむことができるようにしましょう。

❤業務伝達ノートを活用しよう。

業務伝達ノート

月　　日（　　）

本日の 売上目標	
本日の注意点 改善点	
お客様からの お褒めの言葉 お叱りの言葉	
本日のご予約	※予約台帳を確認すれば、このコーナーはなくても良いと思います。
その他	

12

お店のランチ、セットメニューなど、商品内容のことを覚《おぼ》えましょう。

初めて来店したお客さまに「おすすめ料理は何ですか？」と聞かれて、すぐに答えられるようにしましょう。電話で、コース料理やセットメニューについて聞かれたら、わかりやすく端的《たんてき》に説明できるようにしましょう。特にランチや旬《しゅん》のおすすめメニューはそのつど変わるので、よく尋《たず》ねられます。自慢のおすすめメニューを的確にわかりやすく説明できるようにしましょう。

❤「商品説明」ができてはじめて一人前

13

お客さまの「顔」を覚《おぼ》えるようにしましょう。

❤「顔」を覚《おぼ》えることが次の出会いにつながる

仕事の現場では、どんな分野でも出会った人の「顔」と「名前」を覚《おぼ》えることは大切なことです。一度お会いしたお客さまの顔はできるだけ覚《おぼ》えるようにしましょう。「顔」は覚《おぼ》えようとしないとなかなか覚《おぼ》えられません。2度目に来店したときに、「いつもありがとうございます」と言い添《そ》えるとお客さまも親しみが湧《わ》きます。名《めい》刺《し》をいただいたら、すぐにお客さまの特徴を名刺の裏に書き込んでおくのもよいでしょう。日時とお客さまの特徴を簡単に書き込んでみましょう。

14

清潔さの基本は手洗い。爪《つめ》の先までキチンと洗いましょう。

「清潔さ」はサービス業の基本です。爪《つめ》の先までキチンと洗いましょう。爪《つめ》の印象はとても重要です。特に女性客は男性の爪《つめ》の先に敏《びん》感《かん》です。汚《よご》れた爪は不快感を与えます。爪は短く、清潔《せいけつ》に、が基本です。最近の若い女性の間でネイルアートが流行していますが、お店のコンセプトで許されているのならともかく、レストラン業界では基本的には好ましくありません。色を付けるなら、無色か淡いピンク色など、清潔感を強調するような色にとどめましょう。

❤「爪の先」まで清潔感には神経を使おう

15

お客さまに喜ばれたら、そのことを他のお客さまにもしてみましょう。

お客さまの笑顔がサービスのスキルアップに

お客さまからのお褒《ほ》めの言葉は、サービス業にとって最高の勲章《くんしょう》です。あなたのもてなしやサービスでお客さまに喜ばれたら、あなたの一番いい笑顔で、少しオーバーアクションで喜びましょう。そのほうがお客さまにはあなたの喜びが伝わります。そして、同じことを他のお客さまにもしてあげましょう。繰《く》り返して行なうことで、お客さまに喜ばれる回数に比例して、あなた自身の接客サービスのスキルもレベルアップします。

第4章

心くばりのスキルを磨《みが》く
ハート♥レッスン

ハート♥マニュアルは使い方をいろいろに。

ハート♥マニュアルは、お客さまの好感度がふくらむ、ちょっとした気くばりができるようになるための「ひと言」や「ひと動作」を集めたものです。どれも、当たり前のことばかりで、実行することは簡単なはずです。

しかし、これらをいつも、自然体で、きちんと実行し続けることはたいへん難しいことです。やはり、当たり前のように実行し続けるようになるには、ハート♥マニュアルを暗記することから始めるより、とにかく使って身につけることです。

ハート♥マニュアルの使い方は自由です。「お客さまを見たら、

『1秒』で『いらっしゃいませ』を言おう」（P.14）も、どんな風に「いらっしゃいませ」を言うかは、朝と昼では違って当然です。忙しい時間帯、余裕のある時間帯でも言い方は違ってきます。

ハート♥マニュアルは、マニュアルですが、規則ではありません。使い方はいろいろあることを前提に、一つの項目でも、どんな言い方・使い方ができるか、考えてみてください。

「こういうときには、こうしたほうがいい」、「こんな言い方もできる」と、臨機応変《りんきおうへん》に使うことが、ハート♥マニュアルの上級編にあります。

♥ハート♥マニュアルはまず使い続けることが大切

♥工夫をしてハート♥マニュアルを活用しよう

ハート♥マニュアルに、あなたらしさを。

もし、お客さまから「いい店ですね」「ステキな店ですね」と褒《ほ》められたとします。それは、お客さまがあなたのことも褒《ほ》めていることなのです。

ハート♥マニュアルの積み重ねは、店のことを褒《ほ》めてくれるお客さまを増やすことになります。

何度も繰り返しますが、ハート♥マニュアルは当たり前のことばかりです。でも、その当たり前のことを実行するのが難しいのは、「おもてなしする」という機会が普段の生活の中に非常に少なくなっているからです。

ともあれ、ハート♥マニュアルは当たり前のことですが、当たり前のようにできるようになるには練習が必要です。そして、せっかく練習するなら、あなたらしさをプラスしてみましょう。

「本日のおすすめを、きちんと説明できるようにしましょう」（P38）では、あなたならどう説明しますか。どういう言葉でおすすめしますか。動作、しぐさにも、あなたらしさをプラスしてみましょう。あなたを接客のプロフェショナルにするのは、あなた自身です。

♥ハート♥マニュアルにあなたの個性をプラス

♥あなた自身のハート♥マニュアルにしよう

お客さまにすぐ好感をもたれる「いらっしゃいませ」は、どんな言い方をしたらいいでしょう。

「いらっしゃいませ」を、いろいろな言い方をしてみましょう。語尾を強く言う、最初の「い」を強く言う、「ら」にアクセントを置いて言う、などなど。言い方を変えるだけで、「いらっしゃいませ」の表情が変わってきます。

次に、いろいろな動作をプラスして言ってみましょう。「いらっしゃいませ」を言ってからお辞儀《じぎ》をする。お辞儀の途中で「いらっしゃいませ」を言う。お辞儀の終わりに「いらっしゃいませ」を言う。上を向いて言う、手を上げて言う、などなど。これでも「いらっしゃいませ」の印象がいろいろ変わります。

スタッフ同士で、このいろいろな言い方を披露《ひろう》し合うと違いがよくわかります。

その中で、どんな言い方をすると、いい印象が「いらっしゃいませ」と一緒《いっしょ》に伝わるでしょうか。あなたには、あなたの一番いい言い方があるはずです。練習の中から発見するのが、一番の近道です。

♥いろいろな「いらっしゃいませ」を言ってみよう

♥「いらっしゃいませ」＋《プラス》動作で練習してみよう

「いらっしゃいませ」の後に続ける挨拶《あいさつ》、ひと言のバリエーションを持ちましょう。

「いらっしゃいませ。おはようございます」

「いらっしゃいませ。お好きな席にどうぞ」

「いらっしゃいませ。ご案内いたします」

「いらっしゃいませ」の後に、ひと言添《そ》えると、温《あたた》かみが増します。この他に、どんな言葉を添《そ》えることができるでしょう。

「いらっしゃいませ。何名様ですか」

「いらっしゃいませ。お夕バコはお吸いになられますか」と、「いらっしゃいませ」という、せっかくのお迎《むか》えの言葉の後に事務的な質問が来ると丁寧《ていねい》な対応をしていても伝わりにくくなります。

「いらっしゃいませ。おはようございます。何名様ですか」と、間にひと言が入ると、「何名様ですか」という事務的な質問も丁寧《ていねい》に聞こえます。「ひと言」を接客用語に添《そ》える威力《いりょく》といえるでしょう。だから、どんな「ひと言」が添《そ》えられるか、いろいろバリエーションを持っておきましょう。

「いらっしゃいませ。いい天気になりましたね」

「いらっしゃいませ。いつもありがとうございます」

お客さまによって「ひと言」を変えてみるのも練習になります。

♥挨拶《あいさつ》のボキャブラリーを蓄積《ちくせき》していこう

♥「ひと言」のコミュニケーションを増やそう

「ありがとうございました」の後に続ける挨拶《あいさつ》、ひと言のバリエーションを持ちましょう。

「ありがとうございました。いってらっしゃいませ」

「ありがとうございました。傘をお忘れなく」

「ありがとうございました。またお待ちしております」

「ありがとうございました」の後に続けるひと言も、添《そ》えると親しみを伝えられます。


「ありがとうございました」という接客用語は、あらゆるサービス業で使われている用語です。だからこそ、「ひと言」を添《そ》えて工夫《くふう》をしたいものです。

「ありがとうございました。いってらっしゃいませ」と普段言っていたなら、雨の日には、「ありがとうございました。お足元に気をつけていってらっしゃいませ」と言えます。

後に添える「ひと言」が何も浮かばないというのでは、困《こま》ります。お客さまのことをよく観察していれば、「ひと言」はいろいろと浮かんでくるはずです。浮かんでこないというのは、お客さまのことを見る度合いが足《た》りないことになるでしょう。

「ありがとうございました」は、お客さまをいい気分にさせる言葉です。有効に使いましょう。

♥感謝のことばの言い方を増やしていこう

♥お客さま一人ひとりにかける言葉も考えよう

「ありがとうございました」を、もっと印象深く言うには、どんな言い方をしたらよいでしょうか。

「ありがとうございました」は、今では自動販売機でも言います。やはり、自動販売機に言われても嬉《うれ》しくなることはありません。

でも、自動販売機のように抑揚《よくよう》のない機械的な言い方を人が言ったらどうでしょう。

「機械的だが仕方がない」とは受け止めてくれないでしょう。機械のような言い方を人がしたら、お客さまは不愉快《ふゆかい》にすら感じてしまいます。接客用語をレストランでは当たり前に使いますが、言うことが大切ではなく、いかに丁寧《ていねい》に使うかが一番大切なのです。

こればかりは、頭の中でいくら考えても向上はしません。お店という舞台で演じる役者はあなたです。声を出して、動作を交えて舞台練習しましょう。

どんな声で言うか。どういう風にお辞儀《じぎ》しながら言うか。どんな笑顔で言うか。練習をすればするほど、確実に「ありがとうございました」の声のツヤも響《ひび》きも印象も良くなってくるでしょう。

練習の中から、あなたにとって最高の「ありがとうございました」の言い方を習得しましょう。

♥「ありがとうございました」を練習しよう

♥「ありがとうございました」を動作を交えて練習しよう

お客さまの目を見て接客サービスをします。どういう風に見るのが良いでしょうか？

お客さまの目を見て、「いらっしゃいませ」を言います。お客さまの目を見てメニューブックを差し出します。お客さまの目を見て注文を受けます。

「見る」という行為は、簡単なようで難しいことです。「なにげなく見る」「強く見る」「誠実《せいじつ》に見る」「親しみを込めて見る」などなど、いろいろな見方があります。「見る」という行為はワンパターンではダメだということです。場面場面で適した見方があることを覚《おぼ》えておきましょう。

「いらっしゃいませ」を言うときも、お客さまとの距離が2メートル以上離れているなら、目をしっかりと見て言うのがいいですが、1メートル以内の近い距離の場合には、ストレートに目を見ると威《い》圧感《あつかん》を与えてしまうかもしれません。そのときは、お客さまのノド当たりを見たり、おでこ当たりを見て、視線を少しだけそらして見るほうがいいでしょう。注文をうかがうのに待っているとき、お客さまの目を見て待っているのも、せかしているように感じさせてしまいます。そういう場面では、少し伏《ふ》し目がちに、お客さまが注文を言うのを待つのがいいでしょう。

♥スタッフ同士で「目を見る」練習をしよう

♥自分の目の表情を意識してみましょう

プロらしいお辞儀《じぎ》、スマートなお辞儀は、どうすればできるでしょうか？

「いらっしゃいませ」「ありがとうございました」
「おそれいります」「少々お待ちください」

これらの接客用語とお辞儀《じぎ》はセット。お辞儀《じぎ》は接客の基本の基本の動作です。お辞儀は基本動作ですが、スタイルは一つだけではありません。深くお辞儀をするとき、ゆっくりお辞儀をするとき、コンパクトにお辞儀《じぎ》をするとき、軽くお辞儀をするとき、場面場面でいろいろなお辞儀の仕方があります。本書でも、いろいろなお辞儀《じぎ》の仕方を紹介しています。

「満席でお帰りいただくときは、『深いお辞儀』でお見送りします」（P112）。お客さまと店内の通路ですれ違うときは、立ち止まって体を斜めによけ、「どうぞ、お通りください」という気持ちを表すように軽く頭を下げてお客さまを先にお通しします（P127）。

いろいろなお辞儀《じぎ》がありますが、共通して大切なのは、ピシッと動作を決めることです。「おもてなし」のためには、プロらしいお辞儀が大切だからです。やはり、プロらしく振《ふ》る舞《ま》うためには練習が必要です。鏡を見たり、自分の姿を意識してお辞儀《じぎ》をするようにしましょう。

♥お辞儀《じぎ》をかっこいいポーズにしましょう
♥お辞儀のいろいろなスタイルを習得しよう

「はい」という返事で、お客さまに喜んでもらうには、どんな言い方をすれば良いでしょうか？

「はい」という、たった二文字の言葉ですが、言い方で確実にいい気持ちが伝わることは誰もが体験したことがあると思います。


「はい、いらっしゃいませ」

「はい、どうぞ」

「はい、かしこまりました」

「はい」を付けると、「かしこまりました」とだけ言うより丁寧《ていねい》にも聞こえます。


離れた席のお客さまに呼ばれたときには、「はーい」と大きな声で少し伸ばして言うほうが、「すぐまいります」という意思表示が伝わりやすいです。お客さまと対面でお話するときは短く歯切れよく「はい」。これは相槌《あいづち》のような「はい」です。「はい」も、実にいろいろな言い方ができます。ですから、いろいろな「はい」を使い分けてください。反対に、いつも同じ「はい」では、もったいないです。

さらに、「はい」という返事の好感度を高めるには、笑顔は欠かせません。「はい」と笑顔はセットで練習しましょう。

お客さまに対してだけでなく、スタッフ同士でも「はい＋笑顔」は大切にしましょう。スタッフ一人ひとりの笑顔が、お店の雰囲気の重要な要素なのです。

♥「はい」でいろいろな表現をしてみましょう

♥「はい＋表情」で練習をしましょう

電話の向こうのお客さまに、あなたの笑顔を伝えるには、どうしたらいいでしょうか？

電話の相手にも「笑顔」は伝えることはできます。このことをまず信じてください。

そして、電話では、普段話すよりも「ゆっくり」「丁寧《ていねい》に」「確認しながら」話すことが大切だということを覚《おぼ》えてください。

いまはお客さまが携帯電話から店に電話することが多いです。話している途中で電波の状態が悪くなって聞きづらくなることもあります。ゆっくり話すことが大切です。

相手が見えないので、たとえば、店への道順を説明するのにも伝わっているのかがわかりません。そこで、「おわかりになりますでしょうか」「よろしいでしょうか」「ご不明な点はございますでしょうか」とときどき確認することも大切です。

その上で、「笑顔」を伝えましょう。電話は、お客さまと1対1で話すチャンスです。電話のお客さまは、あなたの声だけを聞いてくれています。そのチャンスに、あなたの最高のおもてなしの声で話してみましょう。電話での話し方も練習すれば、どんどん上手になります。練習するやりがいはあります。

♥電話の向こうのお客さまの表情を思い浮かべよう

♥親切さ、誠実さを、電話を通して伝えよう

付録

こんな言葉づかいはやめよう

意識すれば直ります！

✕本日のランチは和風ハンバーグとなっております

〇本日のランチは和風ハンバーグです

「なっております」と付けても丁寧語《ていねい》になりません。変な日本語です。提供するときに、「こちら、和風ハンバーグになります」と言って提供する人も多いですが、これも「こちら、和風ハンバーグです」という言い方が正解です。

「のほうは」はいりません。つい、聞き流してしまいますが、こうして文字にして見ると、「店長のほうは」という言い方が変なことはよくわかると思います。なお、電話では「店長はいません」とだけ言うとぶっきらぼうに聞こえるので、「店長は外出していて、いまおりません」と、丁寧《ていねい》に言うのがいいでしょう。

× 店長のほうは、いま外出中です

○ 店長は、いま外出中です

× セットのドリンクとかいかがですか？

○ セットのドリンクはいかがですか？

「とか」はいりません。これは、普段から口癖《くちぐせ》のように使ってしまう人が多いようです。でも、使わないように意識すれば直ります。

次のページの「いちおう」も同様です。

「いちおう、トマトソースがかかってます」と、ついつい「いちおう」を付けてしまう人がいますが、「いちおう」を付けるとあいまいでかえって聞く側が不安になります。

✕ いちおう、トマトソースです

○ トマトソースでございます

✕ 1万円からお預かりします

○ 1万円お預かりします

「1万円からでよろしかったでしょうか」という言い方も増えましたが、変な言い方です。「から」はいりません。「よろしかったでしょうか」という言い方も、言っている本人は丁寧《ていねい》な言い方のつもりでも、お客さまには「1万円でいいの？」とたしなめられているように聞こえる場合もあるのです。使わないのがいいです。

「のほう」がいらないのは前述のとおり。「になります」が変な日本語なことも前述のとおり。きちんとした日本語を使うほうが、きれいな言葉づかいだということを忘れないようにしましょう。

✕ おつりのほうは240円になります

○ おつりの240円でございます

×うちでは有機野菜を使っております

○当店では有機野菜を使っております

友達同士の話し方は、接客の場面では使ってはダメ。「わたし的《てき》にはおいしいと思います」という「わたし的《てき》」というのも、通じますが、変な日本語です。「当店では」または「私どもでは」がいいです。

✕わかりません

○私は存じません

わからないことを「わかりません」と答えるのは間違いではないですが、「わかりません」だけでは投げやりに聞こえてしまう危険があるので、使わないようにしましょう。とくに電話で「わかりません」だけを言うと、「わかりません」が「私と関係ない」というニュアンスで伝わってしまうかもしれないです。

✕ 少々お待ちくださーい

○ 少々お待ちください

語尾を伸ばすと、軽く聞こえてしまいます。「ありがとうございました〜」と、大きな声で言うと、感謝の言葉をよくお客さまに伝えようと一生懸命なところを表現できます。でも、「少々お待ちくださいい」と、恐縮《きょうしゅく》しながら使わなくてはならない接客用語では語尾を伸ばすのはダメです。

敬語の使い方は難しい問題です。自分の店の店長に対して敬語を使うのは変なので「申し伝えます」となります。店長が不在のときに電話がかかってきたとき、「戻りましたら電話させます」と言うのも乱暴な言い方です。「戻りましたら、電話するように申し伝えます」と言うのが正しいです。

×店長に申し上げておきます

○店長に申し伝えます

著者紹介

石川幸千代（いしかわ・さちよ）
株式会社ゼネラルフード事業スタジオ
代表取締役　レストランドクター

明治大学文学部卒業、高等学校英語科教師を経て、高級料亭、大型和食店、かに料理専門店、カジュアルレストラン、イタリアンディナーレストラン、コーヒーショップチェーン、ステーキハウスなど１５店舗を経営。

現在は、レストランドクターとして、革命的な低投資とスピードでの飲食店の再生＆活性化のコンサルティングとトータルプロデュースに特化して手掛けている。

時代のニーズを的確にとらえた女性ならではの感性と、経営実体験に基づいたコンサルティングは定評がある。特に、「健康・美・癒し」をテーマにした最先端の飲食店仕掛け人として、独自の【アンチエイジング・レストランづくり】の支援と実績を重ねている。

2005年度全国商工会議所　女性会連合会　第4回　女性起業家大賞　優秀賞
明治大学商学部特別招聘教授、東京商工会議所エキスパート
東京ライオンズクラブ会員、中小企業事業団大学講師
全日本病院協会賛助会員、国際観光施設協会会員
各種セミナー講師、専門学校フードコンサル・コーディネーター科講師
など多方面で活躍中。

著書および掲載書籍に、『Woman’s Power～日本でアジアで輝く女性たち～』(カナリア書房)、『沖縄料理の新しい魅力』(旭屋出版)、『本日開店！　私のレストラン』（日経ＢＰ社)、「明治大学商学部　山下洋史教授共著　5講」(明大商学部教科書として活用）などがある。

株式会社ゼネラルフード事業スタジオ
東京都港区海岸1-1-1アクティ汐留35階15号室
TEL：03-6452-8874 FAX：03-6452-8864

カバー・デザイン／Dict 國広正昭　　イラスト／荻原雄三

接客サービス
ハート♥マニュアル
フードサービス版

発行日　2005年10月11日　初版発行
　　　　2016年10月15日　第4版発行

著　者——石川幸千代《いしかわさちよ》
制作者——永瀬正人
発行者——早嶋　茂
発行所——株式会社旭屋出版
東京都港区赤坂1－7－19
キャピタル赤坂ビル8階
〒107-0052
電話　03-3560-9066（編集）
03-3560-9065（販売）
旭屋出版ホームページ　http://www.asahiya-jp.com
郵便振替　00150-1-19572

印刷・製本——株式会社シナノ

ISBN978-4-7511-0536-8 C2077 ￥1400E
※定価はカバーに表示してあります
※落丁本・乱丁本はお取り替え致します
※無断で本書の内容を転載したり、web上で記載することを禁じます。
© Sachiyo Ishikawa Printed in Japan, 2005